KB058493

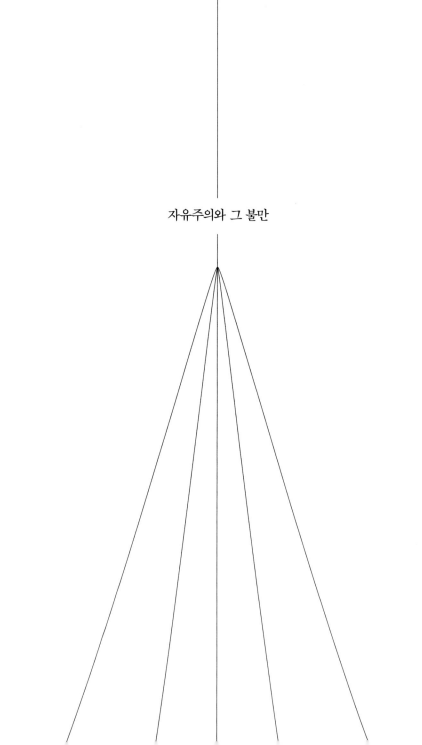

자유주의와 그 불만

Philos 015

자유주의와
그 불만

Liberalism
and
Its
Discontents

프랜시스 후쿠야마 지음

이상원 옮김

arte

일러두기

— 국립국어원의 한글맞춤법과 외래어표기법을 따르되, 일부 표현은 시대와 맥락을
   고려해 살려 두었다.
— 책은 겹낫표(『 』), 정기간행물은 겹화살괄호(《 》), 단편소설, 논문 등 짧은 글은
   홑낫표(「 」), 음악, TV 프로그램 등은 홑화살괄호(〈 〉), 기사는 작은따옴표(' ')로 묶었다.
— 저·역자가 이해를 돕기 위해 추가한 내용은 대괄호([ ])로 표기했다.
— 주석은 대부분 원주로, 옮긴이 주일 경우 문장 앞에 '역주'로 표기했다.
— 원문에서 이탤릭으로 강조한 부분은 볼드로 표기했다.

차례

서문

이 책은 고전적 자유주의classical liberalism 를 방어하기 위한 것이다. 만일 이 용어가 특정한 역사적 의미들에 복잡하게 얽혀 있다고 한다면, 디어드리 매클로스키Deirdre McCloskey가 명명한 '인간적 자유주의humane liberalism'로 한정한다.[01] 나는 자유주의가 오늘날 세계에서 심각한 위험에 처해 있다고 믿는다. 이 사실을 일단 받아들인다면, 자유주의의 미덕들은 다시금 명백히 설명되고 칭송받을 필요가 있다.

내가 지칭하는 '자유주의liberalism'는 17세기 후반에 처음 등장한, 법률 그리고 궁극적으로 헌법에 의해 정부의 권력이 제한되고 그러한 정부의 관할하에 살고 있는 개인의 권리를 보호하는 제도들을 창출하는 신조doctrine를 말한다. 나는 이것을 오늘날 미국에서 사용되는 것처럼 소위 중도좌파 정치를 위한 명칭으로 사용하지는 않을 것이다. 중도좌파의 아이디어들은 우리가 앞으로 보게 될 것처럼 몇 가지 중대한 점에서 고전적 자유주의에서 벗어났기 때문이다. 내가 말하는 자유주의는 미국에서 쓰이는 자유지상주의libertarianism, 즉 정부 자체에 대한 적대에서 성립된 특정한 신조와도 다르다. 또한 나는 이 용어를 유럽적 자유주의자, 즉 사회주의에 회의적인 중도우파 정당들을 일컫는 데 쓰지도 않을 것이다. 내가 말하는 고전적 자유주의는 일군의 정치적 시각들을 포괄하는 커다란 텐트와도 같은 것으로, 이들은 차이에도 불구하고 평등한 개인적 권리, 법 그리고 자유의 근본적 중요성에서 일치한다.

자유주의가 최근 몇 년간 쇠퇴해 온 것은 확실하다. 프리덤 하우스Freedom House에 따르면, 전 세계적으로 정치적 권리와 시민적 자유는 1974년과 2000년대 초반 사이 약 30년간 증대해 왔지만, 소위 민주적 후퇴 혹은 침체 속에서 2021년에 이르기까지 15년 동안 줄곧 내리막길을 걸어왔다.[02]

확립된 자유민주주의 체제들에서 즉각적인 공격을 받은 것은 자유주의적 제도들이었다. 헝가리의 빅토르 오르반Viktor Orbán, 폴란드의 야로스와프 카친스키Jarosław Kaczyński, 브라질의 자이르 보우소나루Jair Bolsoanaro, 튀르키에의 레제프 타이이프 에르도안Recep Tayyip Erdoğan, 그리고 미국의 도널드 트럼프Donald Trump는 모두 정당하게 당선되었지만, 그들은 자신이 받은 민주적 권위를 우선적으로 자유주의적 제도들을 공격하는 데 사용했다. 여기에는 법원 및 사법체계, 비당파적 국가 관료제, 독립적인 언론, 그리고 견제와 균형의 체계에 입각해 행정 권력을 제한하는 여타 기관들이 포함된다. 헝가리의 오르반은 그의 지지자들로 법관을 임명하고, 상당수의 미디어를 동맹 세력의 통제하에 두는 데 꽤 성공적이었다. 트럼프는 법무부, 정보기관,

법원과 같은 제도를 약화시키는 데는 덜 성공적이었지만, 그의 의도는 거의 오르반과 같았다.

자유주의는 최근 몇 년간 우파 포퓰리스트들에 의해서뿐만 아니라, 새로운 좌파 진보주의자들에 의해서도 공격받아 왔다. 이들의 비판은, 자유주의 사회가 모든 집단을 평등하게 대우한다는 스스로의 고유한 이상에 부응하지 못했다는, 그 자체로 합당한 비난에서 비롯된 것이었다. 그러나 이러한 비판은 이후 확장되면서 자유주의 자체가 딛고 선 기본 원칙들, 즉 집단보다는 개인에 중점을 둔 권리 부여, 헌법과 자유권이 기초한 보편적 인간 평등의 전제, 그리고 진리를 포착하기 위한 의사 표현의 자유와 과학적 합리주의의 가치 같은 것들을 공격했다. 실제로, 자유주의에 대한 비판은 새로운 진보주의적 정통성에서 벗어나는 시각들에 대한 불관용intolerance을 초래했고, 진보주의적 정통성을 관철하기 위한 다른 여러 형태의 사회적, 국가적 권력의 이용으로 이어졌다. 이에 반대하는 목소리들은 영향력 있는 지위에서 축출되었고, 이들의 책은 종종 정부가 아닌 대중적 보급을 통제하는 강력한 민간 조직들에 의해 효과적으로 차단되었다.

내가 보기에, 우파 포퓰리스트들과 좌파 진보주의자들에게 오늘날의 자유주의가 불편한 이유는 자유주의 신조의 근본적 취약성 때문이 아니다. 오히려 지난 몇 세대 동안 자유주의가 변화해 온 방식 때문이다. 1970년대 후반부터 경제적 자유주의는 소위 신자유주의neoliberalism로 변질되었다. 이러한 경향은 경제적 불평등을 극적으로 증가시켰고, 부유한 엘리트보다 서민들에게 훨씬 더 많은 피해를 주는 치명적인 재정위기를 지구상의 많은 나라에 초래했다. 이러한 불평등이 바로 진보주의자들이 자유주의와 그것이 연결된 자본주의 체제에 적대적인 이유의 핵심이다. 자유주의의 제도적 원칙들은 모든 사람의 개인적 권리를 보호한다. 여기에는 기존의 부와 권력을 포기하지 않는 기득권 엘리트들은 물론이고, 배제된 집단들을 위한 사회적 정의로 향하는 전진을 방해하는 사람들까지도 포함된다. 자유주의는 시장경제를 위한 이데올로기적 기초를 구성하며, 그런 이유로 많은 사람들은 심정적으로 자유주의가 자본주의와 연계된 불평등에 책임이 있다고 여긴다. 미국과 유럽의 많은 참을성 없는 Z세대 운동가들은 자유주의를 나이 든 베이비부머 세대가 지닌 시각으로, 스스로를 더 이상 개선할 수 없어 정체된 하나의 '체계'로 간주한다.

동시에 개인적 자율성에 대한 이해가 무차별적으로 확산되면서, 자율성은 전통적인 종교와 문화에 의해 제시된 좋은 삶 good life에 대한 모든 여타 전망들을 넘어서는 하나의 압도적 가치로 여겨지게 되었다. 보수주의자들은 이러한 현상을 그들이 지닌 신념에 대한 위협으로 보고, 주류사회로부터 자신들이 의도적으로 차별받고 있다고 간주했다. 보수주의자들은 진보적 엘리트들이 수많은 비민주적인 수단들을 동원하면서, 주요 미디어, 대학, 법원 그리고 집행권의 통제를 통해 그들의 어젠다를 밀어붙이려 한다고 느꼈다. 그들에게는 최근 미국과 유럽에서 보수주의자들이 여러 선거에서 승리한 사실이 밀어닥치는 문화적 변동의 흐름을 늦추는 데 별다른 차이를 주지 않는 것으로 보였다.

최근 수십 년간 자유주의가 변화해 온 방식에 대한 이러한 불만들은 우파와 좌파 모두에서 자유주의가 또 다른 체제에 의해 그 뿌리부터 가지까지 대체되어야 한다는 요구로 이어져 왔다. 우파의 경우, 민주적 선택과 상관없이 보수의 권력 유지를 보장하기 위해 미국에서 선거 체계를 조작하려는 노력을 해 왔다. 또 다른 보수주의자들은 그들이 위협이라고 인식하는 상황에 대응하기 위해 폭력과 권위주의적 정부를 활용하는 방향으로 빠져들기도 했다. 좌파 측에서는 부와 권력의 광범위한 재분배와 함께, 개인보다는 인종과 젠더 같은 고정된 특성에 기초한 집단에 대한 인정, 그리고 집단들 간 결과물을 평등하게 만드는 정책 등에 대한 요구들이 존재한다. 하지만 이 다양한 요구들 중 어떤 것도 광범위한 사회적 합의의 토대 위에서 형성될 것으로 보이지는 않기에, 진보주의자들은 법원, 행정기관과 그들의 실질적인 사회·문화적 권력을 지속적으로 활용하며 그들만의 어젠다를 확대하는 데 만족하고 있다.

자유주의에 대한 이러한 위협들은 서로 대칭적이지 않다. 우파에서 오는 위협은 더욱 즉각적이고 정치적이다. 좌파의 위협은 주로 문화적이며 따라서 상대적으로 느리게 전개된다. 두 위협 모두 자유주의에 대한 불만에 의해 추동되는데, 이는 자유주의 신조의 본질에 연관되어 있기보다는 건전한 자유주의의 아이디어들이 해석되는 과정에서 극단으로 밀어붙여진 방식과 관련 있다. 이러한 불만들에 대한 답은 자유주의 그 자체를 포기하는 것이 아니라, 그것을 적절히 자제시키는 데에 있다.

이 책의 구성은 다음과 같다. 1장은 자유주의를 정의할 것이며, 자유주의의 정당성을 입증하는 세 가지 주요한 역사적 논거를 제시한다. 2장과 3장은 어떻게 경제적 자유주의가 극단적 형태인 '신자유주의'로 변질되면서 강한 반발과 함께 자본주의 자체에 대한 불만을 불러일으키는지를 볼 것이다. 4장과 5장은 어떻게 개인적 자율성에 관한 자유주의 기본 원칙들이 절대화되었고, 자유주의를 지탱하는 개인주의와 보편주의에 대한 비판으로 변질되었는지를 검토할 것이다. 6장은 진보적 좌파 계열에서 시작되었지만 곧 우파 포퓰리스트에게까지 번진 근대 자연과학에 대한 비판을 다루며, 7장은 어떻게 근대 기술주의가 의사 표현의 자유에 관한 자유주의의 원칙에 도전하게 되었는지를 기술한다. 8장은 우파 혹은 좌파가 자유주의에 맞서 실현 가능한 대안을 가지고 있는지를 탐구한다. 9장에서는 국가 정체성의 필요에 따라 제기되는 자유주의에 대한 도전을 살펴본다. 그리고 10장에서는 고전적 자유주의에 대한 신념의 재건을 위해 요청되는 포괄적인 원칙들을 제시한다.

이 책은 자유주의 사상의 역사에 관한 것이 아니다. 자유주의 사상의 전통에 기여한 수많은 중요한 저술가들이 있었으며, 지난 수년간 등장한 자유주의에 대한 비평가들 또한 많았다.[03]

그리고 그들 각각의 기여를 설명하는 책이 수천까지는 아니라도 수백 권은 존재한다. 그 대신 나는 자유주의가 기초한 핵심적 아이디어들뿐만 아니라, 자유주의이론을 뒤흔드는 몇 가지 중대한 약점에 초점을 두고자 한다.

내가 이 책을 쓰기 시작한 시점은 자유주의가 수많은 비판과 도전에 직면하면서, 많은 사람에게 시대의 도전들에 응답하지 못하는 오래되고 닳아빠진 이데올로기로 비치는 시기였다. 자유주의가 비판받은 것은 처음이 아니다. 프랑스혁명의 발흥과 함께 자유주의가 하나의 살아 있는 이데올로기가 되자마자, 낭만주의 비평가들은 자유주의를 계산적이고 빈약한 세계관에 기초한 것으로 여기고 공격했다. 자유주의는 제1차 세계대전 무렵 전장을 휩쓴 민족주의자들에게서도 공격받았고, 그들을 반대하던 공산주의자들에게서도 마찬가지였다. 유럽 바깥에서는, 자유주의 신조가 인도와 같은 몇몇 사회에서는 뿌리내렸지만, 곧장 민족주의자, 마르크스주의자, 그리고 종교운동에 의해 도전을 받았다.

그럼에도 불구하고, 자유주의는 이러한 도전들 속에 살아남아 20세기 막바지에는 세계정치의 많은 분야에서 지배적인 조직화 원칙이 되었다. 자유주의의 견고성은 자유주의가 많은 사람들에게 호소할 수 있는 실천적, 도덕적 그리고 경제적인 정당성을 지니고 있음을 방증한다. 다른 대안적인 정치체제에 의해 발생한 폭력적인 투쟁들에 사람들이 지친 후라면 특히 그렇다. 자유주의는 블라디미르 푸틴Vladimir Putin이 말하듯이 '구시

14

대적' 교리가 아니라, 지금 우리의 다양하고 상호 연결된 세계에서 지속적으로 필요한 것이다. 따라서 자유주의 정치의 정당성을 다시 언급하는 것이 필수적이며, 또한 많은 사람들이 오늘날 이를 부족하다고 여기는 이유들을 명확하게 제시할 필요가 있다.

특히 2016년 이후에 자유주의의 단점들을 분석하면서 자유주의가 현재 상황에 어떻게 적응해야 하는지 조언하는 수많은 책, 기사, 선언문 들이 나오고 있다.[04] 나는 인생의 많은 부분을 공공정책에 대해 연구하고 가르치고 글을 쓰며 보냈고, 우리 현대 자유민주주의 체제 속에서 삶을 개선하기 위한 특별한 계획에 관해 끝없는 아이디어가 있다. 하지만 이 책에서는 그런 아이디어의 목록을 열거하기보다, 더욱 시야를 좁혀 자유주의 정체liberal regime가 기초한 기본 원칙들에 초점을 맞추려 한다. 이를 토대로 자유주의의 기본 원칙들이 지닌 몇 가지 단점을 드러내고, 이 단점을 다루기 위한 방법을 제시할 것이다. 그리고 그 단점들이 무엇이든지 간에, 나는 그것들이 비자유주의적인 대안들보다 우월하다는 것을 보여 주고자 한다. 일반적 원칙에서 구체적인 정책 결정들을 도출하는 일은 다른 이들의 몫으로 남겨 둘 것이다.

나에게 이 책을 쓰도록 요청한 영국 출판사 프로파일 북스의 앤드루 프랭클린에게 감사한다. 앤드루는 내 이전 책 중 아홉 권을 출판했으며, 지난 수십 년간 정말 탁월한 편집자이자 지지자가 되어 주었다. 또한 내용과 문체에 대해 정말 가치 있는 조언을 해 준 미국 파라 스트라우스 앤드 지루사의 편집자 에릭 친스키에게 감사한다. 나의 출판 대리인들인 에스더 뉴버그, 캐롤리나 서튼 그리고 소피 베이커는 이 책이 대중들과 만나기 전에 항상 그랬던 것처럼 훌륭한 일을 해 주었다. 2020년 가을 나는 제프 제드먼 그리고 다른 동료들과 새로운 온라인 저널인《미국의 목적American Purpose》을 창간했고, 이 저널에 기고한 에세이가 본 저서의 기초가 되어 주었다.[05] 그 에세이는 우리가 현재 직면한 정치적, 이념적 투쟁에 도움이 되기를 희망하면서《미국의 목적》이 지닌 목표들을 규정하기 위해 쓴 것이다. 이 저널을 위해 일하고 있는 나의 동료들과 스태프에게 감사하며, 특히 에세이 원고에 조언을 해 준 새뮤얼 모인, 샤디 하미드, 이언 배신, 지트 히어, 드루바 자이샹카르, 시카 달미아, 에런 시바리움, 조지프 카피치 그리고 리처드 톰슨 포드에게 감사한다. 또한 태라 이저벨라 버턴, 제라드 캐스퍼 시카 달미아, 마크 코도버, 데이비드 엡스타인, 래리 다이아몬드, 마틸드 패스팅, 데이비드 후쿠야마, 빌 갤스턴, 제프 제드먼, 에릭 젠슨, 야스카 뭉크, 마크 플래트너 그리고 애비 슐스키 등 수많은 분들의 충고와 조언에 감사한다. 마지막으로, 연구조교로서 역할을 해 준 벤 주어처에게 고마움을 표하고 싶다.

1

무엇이
고전적 자유주의인가?

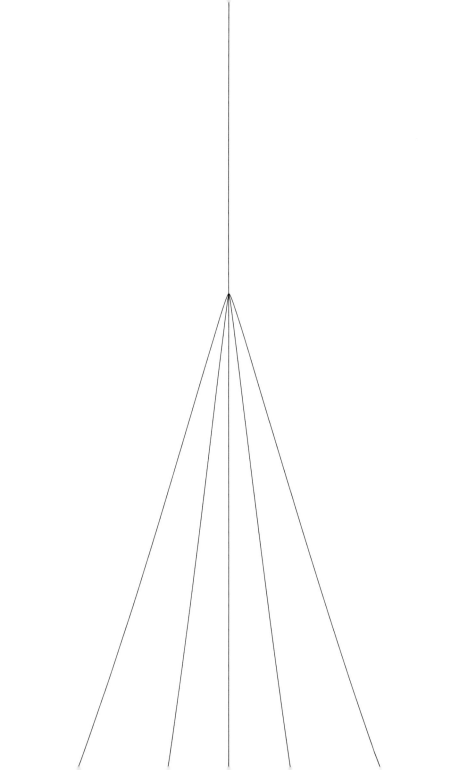

자유주의를 다른 신조 및 정치체제들과 구분 짓는 몇 가지 포괄적인 특성들이 있다. 존 그레이John Gray는 그 특성을 다음과 같이 설명한다.

자유주의 전통의 모든 변화 유형들을 관통하는 것은 특히 인간과 사회에 대한 근대적인 개념 규정이다. (…) 우선 **개인주의**individualist가 있는데, 이는 사회적 집합성에 대항해 개인의 도덕적 우선성을 주장하는 것이다. 또한 **평등주의**egalitarian를 들 수 있는데, 자유주의는 모든 인간들에게 동일한 도덕적 지위를 부여하면서 그들 간의 도덕적 가치 차이를 법적 혹은 정치적 질서와 연관 짓지 않는다. **보편주의**universalist적 특성은 인류의 도덕적 단일성을 확신하면서 역사적 결사체와 문화의 특수한 양상을 부차적인 것으로 본다. 그리고 **개량주의**meliorist는 모든 사회적 제도와 정치적 구성의 교정 가능성과 개선 가능성에 대해 긍정하는 것이다. 이러한 인간과 사회에 관한 개념은 다양한 변이와 복잡성을 초월해 자유주의에 명확한 정체성을 부여한다.[01]

자유주의 사회는 개인에게 권리를 부여한다. 이 중 가장 근본적인 것은 자율성autonomy의 권리, 즉 의사 표현, 결사, 믿음 그리고 궁극적으로 정치적 삶과 관련해 선택을 할 수 있는 능력에 관한 권리다. 재산을 소유할 권리와 경제적 교환의 권리 역시 자율성의 영역에 포함된다. 시간이 지남에 따라 자율성은 투표권을 통해 정치적 권력을 공유할 수 있는 권리까지 포함하게 되었다.

말할 것도 없이, 초기 자유주의자들은 누가 권리를 가진 인간으로서 자격이 있는지를 제한적으로 이해했다. 원래 미국 및 다른 '자유주의' 정치체들에서 이 범위는 재산을 소유한 백인들로 제한되었고, 한참 이후에야 다른 사회집단들로 확장되었다. 권리에 대한 이런 제약은 토머스 홉스Thomas Hobbes와 존 로크John Locke 같은 자유주의 이론가들의 저작과, 「미국독립선언문」과 프랑스혁명의 「인간과시민의권리선언」에 담긴 인간 평등에 관한 주장들에 배치되는 것이었다. 이론과 현실의 이러한 간극은 배제된 집단들의 풀뿌리 운동의 동력이 됐으며, 자유주의 정치체가 인간 평등에 대해 더 확장적이고 포괄적으로 인식할 수 있게 발전하도록 추동했다. 이렇게 자유주의는 권리를 특정한 인종, 민족ethnicity, 젠더, 직업, 계급, 지위에 근거해서 제한하는 민족주의자 혹은 종교적 교리들과는 명백히 다른 방식으로 확실하게 자신을 차별화했다.

자유주의 사회는 권리를 공식적 법률로서 안착시켰고, 그 결과 매우 절차적인 특성을 띠는 경향을 보인다. 법은 간략한 의미에서 명시적인 규칙들의 체계로서, 어떻게 갈등이 해소되고 집합적 결정이 내려질 것인지를 규정한다. 또한 여타 정치체계로부터 벗어나 반자동적으로 작동하는 일련의 제도를 구체화함으로써, 단기적 이익을 추구하려는 정치가들이 정치체계를 남용하지 못하도록 방지한다. 가장 선진화된 자유주의 사회들에서 이러한 규칙들은 시간이 지나며 점차 복잡해졌다.

자유주의는 종종 '민주주의democracy'라는 용어로 흡수되기도 하지만, 엄밀히 말해 자유주의와 민주주의는 구별되는 원칙과 제도에 기초해 있다. 민주주의는 '인민에 의한 지배rule by the people'를 지칭하며, 오늘날 보통선거 원칙과 함께 자유롭고 공정한 정기 다당제 선거로 제도화된다. 내가 의미하는 바의 자유주의liberalism는 '법의 지배rule of law'로서, 집행 권력을 제한하는 형식적인 규칙들의 체계를 의미한다. 선거를 통해 민주적으로 정당성을 부여받은 행정부의 경우에도 법에 의해 제한받는 것은 마찬가지다. 그래서 제2차 세계대전 이후 북미, 유럽, 동아시아나 남아시아의 일부 그리고 여타 다른 지역에 번성한 정치체의 유형을 말할 때 이를 '자유민주주의liberal democracy'라고 부르는 것이 적합하다. 미국, 독일, 프랑스, 일본 그리고 인도는 20세기 후반부에 자유민주주의 국가로서 확립되었다고 볼 수 있다. 비록 지난 몇 년 동안 미국이나 인도 같은 몇몇 나라에서는 자유민주주의가 후퇴하는 경향을 보이고 있지만 말이다.

최근 몇 년 가장 거친 공격을 받아 온 것은 민주주의라기보다 자유주의이다. 오늘날 정부가 '인민'의 이익을 반영하지 말아야 한다고 주장하는 사람은 거의 없고, 심지어 중국이나 북한과 같이 심한 전제적 정체들도 자기들이 인민을 표방한다고 주장한다. 푸틴도 여전히 정기적인 '선거'의 시행에 대한 압박을 느끼고 있으며, 세계의 많은 여타 권위주의 지도자들이 사실상 그러하듯이 대중적 지지를 신경 쓰는 것으로 보인다. 다른 한편, 푸틴은 자유주의가 '구시대적 교리'라고 말하면서[02] 많은 노력을 들여 비판자들을 침묵시키거나 반대자들을 구금하거나 죽이고 괴롭히면서 독립적인 시민들의 영역을 제거해 왔다. 중국의 시진핑은 중국 공산당의 권력에 그 어떤 제한을 가하는 것에 적극 반대하면서 중국 사회 모든 측면에 걸친 장악력을 강화하고 있다. 헝가리의 총리 빅토르 오르반은 유럽연합의 심장에 '비자유주의적인 민주주의illiberal democracy'를 수립하겠다고 명시적으로 언급했다.[03]

　　자유민주주의가 후퇴할 때, 확장되는 권위주의의 공세에 탄광의 카나리아처럼 반응하는 것은 자유주의 제도들liberal institutions이다. 자유주의 제도는 행정 권력을 제한하며 민주적 과정을 보호한다. 일단 그 제도들이 부식되기 시작하면, 민주주의 자체가 공격받는다. 그러면 선거 결과는 자의적 선거구 개정gerrymandering, 투표자 자격 제한 규정, 선거 부정에 대한 그릇된 의심 등에 의해 조작될 수 있다. 민주주의의 적들은 인민의 의지와 상관없이 권력의 자리에 남아 있고자 한다. 미국 제도들에 대한 트럼프의 많은 공격 중에서, 지금껏 가장 심각했던 것은 2020년 대통령 선거에서의 패배를 인정하지 않고 그의 후임

자에게 권력을 평화적으로 이양하지 않으려는 모습이었다.

　규범적인 차원에서 나는 자유주의와 민주주의 모두 도덕적으로 정당하고 실제 정치에서 필수적이라고 믿는다. 이들은 적절한 정부 운영의 세 가지 축 중에 두 개 축을 담당하고 있는데, 이 두 축은 나머지 한 축인 근대국가modern state를 제약하는 데 중대한 역할을 하고 있다. 이는 나의 저서들인 '정치 질서Political Order' 시리즈에서 어느 정도 언급한 바 있다.**04** 그러나 오늘날 자유민주주의의 위기는 엄밀하게 말해서 민주주의의 문제라기보다는 우선적으로 자유주의 제도를 둘러싸고 전개되고 있다. 더욱이 경제성장과 근대 세계의 번영에 훨씬 더 연관된 것은 민주주의라기보다 자유주의이다. 이 책의 2장과 3장에서 보게 될 것처럼 평등과 정의를 고려하지 않는 경제성장은 매우 문제가 있으나, 경제성장은 사회가 추구하는 여타 좋은 것들 대부분을 위한 필수적 선제 조건이다.

　지난 수 세기 동안 자유주의 사회의 정당성을 입증하는 중요한 세 가지 논거가 제시되었다. 첫 번째는 실용적인 이유 pragmatic rationale이다. 자유주의는 폭력을 규제하면서 다양한 사람들이 서로 평화롭게 살아가기 위한 하나의 방식이다. 두 번째는 도덕적인 것이다. 자유주의는 기본적으로 인간 존엄성을 보호하는데, 특히 인간적 자율성, 즉 각 개인들이 선택할 수 있는 능력을 보호한다. 마지막 세 번째는 경제적인 것이다. 자유주의는 재산권과 거래의 자유를 보호함으로써 경제성장과 그 성장에서 나오는 모든 좋은 것들을 증진시킨다.

　자유주의는 특정한 형태의 인식과 강한 연결성을 지니고 있다. 그것은 특히 외부 세계를 이해하고 조작하는 데 최선의 수단으로 보이는 과학적 방법론에 대한 것이다. 개인은 그의 이익에 관한 최선의 판단자이며, 그 판단을 결정하기 위해 외부 세계에 대한 경험적 정보를 받아들이고 검증할 수 있다. 이러한 판단들은 필연적으로 다양하겠지만, 자유주의는 사상의 자유로운 시장에서 좋은 아이디어들이 심의와 증거를 통해 궁극적으로 나쁜 것들을 몰아내리라고 믿는다.

　자유주의에 관한 실용적인 논거는 자유주의의 아이디어들이 처음 발흥한 역사적 맥락 속에서 이해될 필요가 있다. 자유주의는 17세기 중반 유럽의 종교전쟁이 끝나던 무렵 나타났는데, 이 시기는 신교 개혁으로 촉발되어 거의 150여 년간 계속된 폭력의 기간이었다. 추산되기로는 중부유럽의 삼분의 일에 달하는 인구가 30년전쟁 중에 사망했으며, 이때 사람들은 직접적인 폭력이 아니더라도 군사적 충돌에 뒤따르는 기아와 질병으로 죽었다. 유럽의 종교전쟁은 경제적, 사회적인 요인들에 의해서도 추동되었는데, 교회 재산을 강탈하기 위한 왕들의 탐욕과 같은 것을 들 수 있다. 그러나 종교전쟁이 잔학성을 보이게 된 것은 어떤 특정한 사실에서 기인한다. 바로 다투는 세력들이 서로 다른 기독교 종파들을 대표했고 각 종교의 독단적인 교리를 다른 사람들에게 강요하길 원했다는 사실이다. 마르틴 루터 Martin Luther는 신성로마제국 황제 카를 5세와 싸웠으며, 가톨릭 동맹Catholic League은 프랑스의 위그노 종파와 싸웠다. 헨리 8세는 로마로부터 영국 국교인 성공회를 분리시키고자 했다. 신교와 구교 캠프 내부에서도 갈등은 존재했다. 영국성공회, 츠빙글리파, 루터파의 상부와 하부 구성원들 사이에서 그리고 여타 여러 차원에서 그러했다. 이 시기는 이단자들이 정기적으로 화형을 당하거나 '화체설transubstantiation'*과 같은 믿음을 공언했다는 이유로 끌려가 사지가 찢기던 시절이었고, 이러한 수준의 잔인성은 경제적 동기만으로는 이해하기가 어렵다.

　자유주의는 정치가 지향하는 목표를 낮추고자 시도했다. 자유주의가 바라본 정치는 종교에 의해서 정의된 좋은 삶을 위한 수단이 아니라 삶 그 자체의 보전, 즉 평화와 안전을 보장하기 위한 방식이다. 홉스는 영국 내전 중에 저작을 남겼는데, 비록 왕정주의자였지만 그는 강력한 국가가 "만인의 만인에 대한 투쟁"의 전쟁 상태로 돌아가지 않도록 우선 보장해 줄 것이라고 보았다. 그에 따르면 폭력적 죽음에 대한 공포는 인간존재가 보편적으로 공유하는 가장 강력한 정념으로서, 종교적 믿음과는 다르다. 그러므로 국가의 첫 번째 의무는 생존권the right to life을 보호해 주는 것이다. 이러한 국가관은 「미국독립선언문」의 "**생명**, 자유, 그리고 행복의 추구life, liberty, and the pursuit of happiness"라는 구절의 오랜 원천이기도 했다. 나아가 이런 사상적 기초

---

* 역주: 기독교의 신학 용어 중 하나로, 로마 가톨릭 신학에서 성찬식의 밀빵과 포도주가 각기 예수의 몸과 피로 바뀌는 일 또는 그러한 믿음.

위에서, 로크는 생존이 폭압적인 국가에 의해 위협을 받을 수 있기에 국가 자체가 "피지배자의 동의"하에 제약되어야 한다고 주장했다.

고전적 자유주의는 그러므로 다양성을 다스리는 문제, 다른 말로 하면 다원적 사회에서 다양성을 평화적으로 조율하는 문제에 대한 제도적 해결책으로서 이해될 수 있다. 자유주의에서 숭배되는 가장 근원적 원칙은 관용tolerance에 관한 것이다. 당신은 자신에게 가장 중요한 일들에 관해서 동료 시민들에게 동의를 구할 필요가 없다. 오직 각 개인이 당신이나 국가의 방해 없이 결정할 수 있어야 한다는 원칙에만 서로 동의하면 된다. 자유주의는 최종 목적들에 대한 질문을 논의 테이블에서 치워 버림으로써 정치의 온도를 낮춘다. 당신은 원하는 것을 믿을 수 있으나, 오직 사적 삶에 대해서만 그래야 하고 동료 시민들에게 당신의 시각을 강요하려고 시도해서는 안 된다.

자유주의 사회가 성공적으로 조율할 수 있는 다양성의 종류는 무한하지 않다. 만약 사회의 상당 부문에서 자유주의 원칙 그 자체를 수용하지 않거나 다른 사람들의 근본적인 권리를 제한하려 한다면, 혹은 시민들이 자신만의 방식을 관철시키기 위해 폭력에 의존하려 할 때, 자유주의는 정치적 질서를 유지하기에 충분치 않다. 그것이 바로 1861년 이전 미국이 노예제 이슈에 의해 국가적으로 분열되었을 때의 상황이고, 추후 내전으로 빠지게 된 이유이다. 냉전 시기 동안, 서유럽의 자유주의 사회는 프랑스와 이탈리아에서 발흥한 유럽 공산주의 정당들로부터 유사한 위협에 직면했다. 오늘날 서아시아와 북아프리카에서는 자유민주주의의 전망이 강하게 의심받고 어려움을 겪고 있는데, 이는 이집트의 무슬림 형제단Muslim Brotherhood과 같은 이슬람주의 정당들이 자유주의 원칙을 수용하지 않기 때문이다 .

다양성은 여러 형태를 취한다. 17세기 유럽에서 다양성은 종교적 의미를 가졌으나, 그것은 또한 국적, 종족, 인종 혹은 다른 유형의 믿음에 기초한 것일 수 있다. 비잔틴 사회는 녹색파와 청색파 사이의 심한 양극화로 인해 갈라졌는데, 이는 고대 히포드롬 경기장의 전차 경기 팀을 일컫는 것으로서, 기독교 종파에서 각각 단성론자Monophysite*와 단의론자Monothelite**를 지칭했다. 폴란드는 오늘날 유럽에서 가장 민족적으로나 종교적으로 동질적인 사회 중 하나지만, 여기도 국제적인 도시들과 더욱 보수적인 농촌의 도시들을 기반으로 하는 사회집단들 간에 날선 양극화가 존재한다. 인간존재는 스스로를 집단으로 나누어 은유적으로 혹은 문자 그대로 서로 간에 전쟁에 돌입하는 데에 능숙하다. 다양성은 그래서 많은 인간 사회의 두드러진 특성이다.[05]

17세기부터 계속해서 자유주의의 가장 중요한 차별점으로 남아 있는 것은 실용적인 특성이다. 만약 인도나 미국과 같은

---

* 역주: 예수에게 오직 하나의 본성만이 존재한다고 주장하는 사람.

** 역주: 예수에게 신성과 인성이 공존하지만 하나의 의지만이 존재한다고 주장하는 사람.

다양성의 사회가 자유주의로부터 벗어나 인종, 민족, 종교 혹은 여타 좋은 삶에 관한 실질적인 관점에 기초해서 국가정체성을 수립하려 한다면, 그들은 잠재적인 폭력적 갈등의 상황으로 회귀하는 모습을 보일 것이다. 미국은 그러한 충돌의 양상을 남북전쟁을 통해 겪은 바 있으며, 인도의 모디Narendra Modi 정부는 국가정체성을 힌두교주의에 기초해 전환함으로써 공동체적 폭력을 야기하고 있다.

자유주의 사회의 두 번째 정당성은 도덕적인 것이다. 자유주의 사회는 시민들에게 자율성에 대한 평등한 권리를 부여함으로써 인간적 존엄성을 보호한다. 근본적인 삶의 선택을 내릴 수 있는 능력은 인간의 중대한 특성이다. 모든 개인은 그만의 삶의 목표를 정하기를 원한다. 생계를 위해 무엇을 할 것인지, 누구와 결혼할 것인지, 어디서 살 것인지, 누구와 관계를 맺고 거래할 것인지, 무엇을 누구와 말할 것인지 그리고 무엇을 믿을 것인지. 이것이 인간존재들에게 존엄성을 주는 자유이며, 이는 지능, 육체적 외양, 피부색, 혹은 다른 부차적 특성들과는 다르게 모든 인간이 보편적으로 공유하는 것이다. 법은 최소한의 수준에서 말하고, 연합하고, 믿을 권리를 시민들에게 부여하거나 강제함으로써 자율성을 보호한다. 그러나 시간이 지나면서 자율성은 정치적 권력을 공유하고 투표권을 통해 자치 정부에 참여할 수 있는 권리를 포함하게 되었다. 이에 따라 자유주의는 집단적 자율성의 표현으로 볼 수 있는 민주주의와 접목되어 왔다.

인간의 기본적인 존엄성을 보호하기 위한 수단으로서 자유주의를 바라보는 시각은 프랑스혁명기 유럽에서 발생하여 오늘날에는 수없이 많은 자유민주주의 헌법들에 '인간 존엄성에 대한 권리'로 성문화되었고, 독일, 남아프리카공화국 그리고 일본 등 다양한 나라들의 기본법에도 나타나 있다. 대다수 현대 정치인들은 어떠한 인간적 특질들이 사람들에게 평등한 존엄성을 부여하는지 정확하게 설명하는 데 곤란을 겪는다. 하지만 그들은 적어도 그것이 선택을 할 수 있는 인간의 능력에 관한 것으로서, 정부나 사회의 부적절한 간섭 없이 자신의 삶을 결정할 수 있는 능력에 관한 어떤 것을 의미한다는 막연한 의식은 갖고 있을 터이다.

자유주의이론은 이런 권리들이 모든 인간존재에 보편적으로 적용되는 것이라 주장하는데, 이는 「미국독립선언문」의 서두에서 "우리는 모든 인간이 평등하게 태어났다는 것이 진리로서 자명하다고 견지한다"라고 언급된 데서도 발견된다. 그러나 실제 현실에서 자유주의 정치체들은 개인들을 부당하게 구분하면서, 그들의 관할하에 있는 모든 사람들을 완전한 인간존재로 간주하지 않았다. 미국은 남북전쟁이 발발하고 수정헌법 제14조, 제15조 그리고 제16조가 통과되기까지 아프리카계 미국인들에게 시민권과 선거권을 부여하지 않았으며, 재건기 이후에는 부끄럽게도 그 권리들을 다시 회수하는 상황이 1960년대 인권 운동으로 이어졌다. 그리고 미국은 1919년 수정헌법 제19조가 통과될 때까지도 투표권을 여성에게 부여하지 않았다. 이와 유사하게 유럽의 민주주의도 점진적으로만 모든 성인에게 선거권을 허용했으며, 재산, 성별 그리고 인종에 따른 투표의 제한은 20세기 중반까지 이르는 지난한 과정을 통해서 겨우 철폐되었다.**06**

　　자유주의의 세 번째 정당성은 경제성장 그리고 근대화와 연결되어 있다. 많은 19세기 자유주의자들에게 가장 중요한 형태의 자율성은 시장경제에서 자유롭게 사고 팔고 투자할 수 있는 능력이었다. 재산권은 자유주의적 의제에서 중심적 위치를 차지하고 있었고, 제도를 통해 계약의 강제 이행을 보장한 것은 낯선 이들과의 무역과 투자에 따르는 위험성을 낮추었다. 이에 대한 이론적 정당성은 명백하다. 만약 정부나 경쟁업자, 혹은 범죄 조직에게 이듬해 재산을 빼앗길 것이 예상된다면, 어떤 사업가도 사업에 따르는 위험을 감수하려 하지 않을 것이다. 재산권은 대규모 법적 장치들의 지원이 필요한데, 여기에는 독립적인 법원 체계, 변호사, 법정 그리고 사적 당사자들에게 사법 판결을 강제하기 위헤 경찰력을 사용할 수 있는 국가 시스템이 포함된다.

　　자유주의이론은 사고팔 수 있는 자유를 인정했을 뿐만 아니라, 일찍이 국제적인 자유무역 체제를 지지했다. 애덤 스미스 Adam Smith의 1776년 저작 『국부론Wealth of Nations』은 무역에 대한 중상주의적 제한 정책(예를 들어, 스페인 제국에서 내건 스페인 제품은 오직 스페인 배와 스페인 항구를 통해 운반되어야 한다는 제약)은 매우 비효율적 방식이라는 것을 증명했다. 데이비드 리카도 David Ricardo는 비교우위이론을 통해 근대 무역 이론의 기초를

놓았다. 자유주의 정체들이 반드시 이러한 이론적 명령을 따른
것은 아니었다. 예를 들어, 영국과 미국은 둘 다 그들의 초기 산
업들을 관세를 통해 보호했고, 이런 경향은 그 산업들이 정부
보조 없이 경쟁할 수 있는 수준으로 성장할 때까지 지속되었다.
그럼에도 불구하고, 자유주의와 상업의 자유 사이에는 역사적
으로 강한 연관성이 존재해 왔다.

　　재산권은 당시 떠오르던 자유주의 정체들에 의해 보장되
는 우선적 권리에 속해 있었고, 이것은 결사와 투표의 권리 보
장보다도 한참 전의 일이었다. 강한 사유재산권을 먼저 성립한
두 유럽 국가는 영국과 네덜란드였는데, 두 경우 모두 사업가들
로 이루어진 상업 계층을 발달시키고 폭발적인 경제성장을 목
도했다. 북미에서는 식민지들이 정치적 독립을 획득하기 이전
부터 영국 관습법으로 재산권을 보호하고 있었다. 프로이센의
1792년 일반주법Allgemeines Landrecht과 같은 시민적 법률 조항들
을 바탕으로 성립된 독일 법치국가Rechtsstaat는 독일 영토에서
민주주의의 기미가 나타나기 훨씬 이전부터 사유재산권을 보
호했다. 전제적이지만 자유주의적 성격을 띠기도 했던 독일은
미국처럼 19세기 후반 급속하게 산업화를 이루었으며 20세기
초반에 경제적으로 강력한 세력이 되었다.

　　고전적 자유주의와 경제성장 사이의 연결은 사소한 것이
아니다. 1800년부터 현재까지 자유주의 세계에서 1인당 생산
량은 거의 3000퍼센트 가까이 성장한 것으로 보인다.[07] 이러한
이득은 경제적 계층의 사다리 상부와 하부 모두에서 느껴졌으

며, 평범한 노동자들은 전 시대 대다수 특권층 엘리트들도 접
근하기 어려웠던 수준의 건강, 수명 그리고 소비를 향유하게
되었다.

자유주의이론에서 재산권이 중심적 위치를 차지했다는 것
이 의미하는 바는 자유주의의 가장 열렬한 신봉자들이 주로 새
롭게 부상한 중간계층들로 구성됐다는 사실과 연결된다. 이들
은 경제적 근대화의 산물로서 카를 마르크스가 부르주아지라
고 부른 사람들이었다. 프랑스혁명의 원래 지지자들은 대부분
1789년 테니스코트의서약Tennis Court Oath을 행했던 중간계층
법률가들이었다. 이들은 왕정에 대항해 자신의 사유재산권을
보호하길 원했고, 하위계층인 상퀼로트들sans-culottes에게 투표
권이 확대되는 것에 관심이 적었다. 마찬가지로 미국의 헌법 제
정자들의 경우도 대개는 부유한 계층의 상인과 농장주 출신이
었다. 제임스 매디슨James Madison은 그의 '버지니아 회합 연설
Address at the Virginia Convention'에서 "사적 개인의 권리 그리고 사
유재산권의 보호는 정부가 제도화된 목적"이라고 주장했다. 그
의 에세이 「연방주의자 논고 제10번Federalist 10」에서 매디슨은
사회적 계층과 불평등은 사유재산권의 필연적 보호하에서 불
가피하게 발생한다고 지적했다. 여기서 그는 "재산 획득 능력의
차이와 불평등을 보호하는 데서 재산 소유의 차이와 다양성이
야기된다. 이는 개인들의 감정과 관점에 영향을 미쳐 사회를 서
로 다른 이해와 당파로 분열시킨다"라고 주장했다.**08**

현재 자유주의가 처한 시련은 새로운 것이 아니다. 자유주

의 이데올로기는 수 세기를 거치며 유행의 부침을 거듭했지만 그것에 내재한 기본적 강점으로 인해 항상 원래 자리로 돌아왔다. 자유주의는 유럽의 종교적 투쟁 속에서 탄생했다. 국가들이 각자의 종파적 시각을 다른 국가에 투사해서는 안 된다는 원칙은 1648년 웨스트팔리아조약Peace of Westphalia 이후 유럽 대륙을 안정화하는 데 기여했다. 자유주의는 프랑스혁명의 초기 강력한 추동력 중 하나였고, 처음엔 중상위 계층 엘리트의 좁은 지지 범위를 넘어서 정치참여를 확장하고자 했던 민주적 세력과 동맹을 구축했다. 그러나 평등을 지향하는 정파들이 자유를 지향하는 정파들과 분리되면서 혁명적 독재체제를 창출, 궁극적으로 나폴레옹의 새로운 제국에 길을 터 주었다. 하지만 이 제국은 나폴레옹법전Code Napoléon과 같은 법의 형식으로 유럽 구석구석에 자유주의를 확산시키는 데 중요한 역할을 했다. 이는 유럽 대륙에 자유주의적 법치가 정박하게 하는 닻이 되었다.

프랑스혁명 이후, 자유주의자들은 우파와 좌파 양측 모두에서 각각 다른 신조에 의해 배제당했다. 혁명은 자유주의의 다음 주된 경쟁자인 민족주의nationalism를 낳았다. 민족주의자들은 정치적 관할 영역은 주로 언어와 민족으로 규정되는 문화적 단위에 상응해야 한다고 주장했다. 그들은 자유주의의 보편성을 거부하고, 권리를 그들이 선호하는 집단에 우선적으로 부여하고자 했다. 19세기가 진행되면서 유럽은 스스로를 왕조 기반에서 민족 기반으로 재조직화했다. 당시 이와 연관된 중요한 사건으로는 이탈리아와 독일의 통일 그리고 다민족 오스만제국과 오스트리아·헝가리제국 내부에서 커진 민족주의적 동요를 들 수 있다. 이런 상황은 1914년 세계대전으로 폭발했으며, 이 전쟁으로 수백만 명이 죽고 나아가 1939년 두 번째 전 지구적 전쟁의 화염으로 이어지는 길을 닦게 되었다.

1945년 독일, 이탈리아 그리고 일본의 패전은 자유주의가 민주적 세계의 지배적 이데올로기로 재등장하게 된 기초를 놓아 주었다. 유럽인들은 민족의 배타적이고 공격적인 이해를 둘러싼 정치적 조직화가 얼마나 어리석은지 목도했고, 유럽공동체European Community에 이어 유럽연합European Union을 만듦으로써 오래된 민족국가들을 협조적인 초국적 구조에 신중하게 복속시켰다.

개인의 자유는 필연적으로 유럽 열강에 정복당한 식민지 사람들의 자유까지 의미해야 했고, 이는 유럽의 해외 식민지 제국의 급속한 붕괴로 이어졌다. 어떤 경우 식민지 국가들은 독립을 자발적으로 인정받았다. 다른 경우에, 제국의 권력은 민족해방운동에 무력으로 대항했다. 이러한 경향은 1970년대에 포르투갈의 해외 제국이 붕괴되면서 겨우 끝이 났다. 미국은 일련의 새로운 국제기구들을 창설하는 데 강력한 역할을 했는데, 여기에는 국제연합(그리고 세계은행과 국제통화기금IMF과 같은 브레턴우즈체제), 관세및무역에관한일반협정GATT, 그 후계자인 세계무역기구WTO 그리고 북미자유무역협정NAFTA과 같은 지역 협조 체제 구축을 위한 시도들이 포함된다. 미국의 군사적 힘과 북대서양조약기구NATO의 참여 그리고 일본과 한국 같은 나라들과의 일련의 양자 동맹들은 냉전기 유럽과 동아시아를 안정화시키는 지구적 안보 체계를 뒷받침했다.

자유주의의 또 다른 경쟁자는 공산주의communism다. 자유주의는 개인적 자율성의 보호를 통해 민주주의에 기여했는데, 이것이 의미하는 바는 법적 평등성과 함께 정치적 선택 그리고 선거 참여에 대한 광범위한 권리 부여였다. 그러나 매디슨이 관찰한 바와 같이 자유주의는 결과의 평등으로 이어지지는 않으며, 프랑스혁명기부터 지속적으로 재산권의 보호를 주창한 자유주의자들 그리고 강한 국가를 통해 부와 소득의 재분배를 추구한 좌파 세력 사이에는 강력한 긴장이 존재했다. 민주국가들에서 이러한 긴장은 영국의 노동당이나 독일의 사회민주당처럼 당대에 부상하던 노동운동에 기반한 사회주의 혹은 사회민주주의 정당의 형태를 띠었다. 그러나 민주적 평등에 대한 더욱 급진적인 지지자들은 마르크스-레닌주의의 기치 아래에 조직화되었고, 자유주의적 법치를 포기하면서까지 독재국가에 권력을 부여할 의지를 가지고 있었다.

자유주의적 국제질서에 가장 커다란 위협이 된 건 1945년 이후 구 소비에트연방 및 그 동맹 세력으로서, 동유럽과 동아시아의 공산주의 정당들로부터 형성되기 시작했다. 공격적인 민족주의는 유럽에서 쇠퇴하는 것처럼 보였지만, 개발도상국들 사이에서는 강력한 동원 체제의 원천이 되었고 소련, 중국, 쿠바 그리고 여타 공산주의 국가들에서 지지를 받았다. 그러나 소비에트 체제는 1989년과 1991년 사이에 붕괴하고, 이와 함께 기존 마르크스-레닌주의의 정당성도 몰락했다. 덩샤오핑 치하의 중국은 시장경제를 받아들이면서 당시 꽃피던 자유주의 국제질서에 발을 들이고자 했고, 많은 구 공산권 국가들도 유럽연합이나 NATO 같은 기존 국제기구로 편입했다.

20세기 후반 선진국들 사이에서는 자유주의와 민주주의 간의 포괄적이고도 대체로 행복한 공존의 모습이 보였다. 재산권과 법치를 위한 자유주의의 노력은 제2차 세계대전 이후 강력한 경제성장의 기초를 놓았다. 자유주의와 민주주의의 연합은 시장경쟁으로 파생된 불평등을 완화시켰으며, 번영이 일반화되면서 민주적으로 선출된 입법기관들이 재분배를 추구하는 복지국가를 창출할 수 있게 되었다. 불평등은 관리되고 동시에 견딜 만한 것이 되었는데, 이는 대다수 사람들이 자기들의 물질적 조건이 개선되고 있음을 보았기 때문이었다. 마르크스주의는 노동자 계층의 궁핍함이 심화되리라고 예견했지만 이는 결코 일어나지 않았다. 오히려, 노동자 계층의 사람들은 그들의 소득이 증가하는 것을 보았고 자유주의 체제의 반대자에서 지지자로 변했다. 1950년대부터 1970년대에 이르기까지, 프랑스 말로 영광의 30년les trente glorieuses이라 불리는 이 기간은 선진 세계에서는 자유주의의 전성기였다.

이 시기는 단지 경제성장의 시대가 아니라 사회적 평등이 증대하는 시대이기도 했다. 1960년대를 거치며 모든 계열의 사회운동들이 발생했으며, 이때 시작된 인권 그리고 페미니즘 혁명은 사회를 보편적 인간 존엄성이라는 자유주의적 원칙에 따라 살도록 압박했다. 공산권 사회는 인종과 젠더 관련 문제들을 해소한 척했던 데 반해, 서방의 자유민주주의 체제에서 사회통합은 풀뿌리 운동에 의해서 추동되었기에 위계적으로 동원된 경우보다 실제로 더욱 철저한 모습을 보여 주었다. 자유주의 사회에서 개인적 권리를 주창하는 세력은 지속적으로 팽창했고 이 흐름은 아직 완결되지 않은 채로 오늘날까지 계속되고 있다.

만약 누군가가 이데올로기로서 자유주의의 긍정적 영향에 대한 증거를 요구한다면, 지난 수십 년간 가난한 개발도상국에서 선진국으로 진입한 아시아 국가들의 성공 사례를 보면 된다. 일본, 한국, 대만, 홍콩 그리고 싱가포르는 고도 성장기에 민주국가는 아니었지만, 사유재산권 보호와 국제무역 개방 등과 같은 중대한 자유주의 제도를 채택해 지구적 자본주의 체계에서 우위를 점할 수 있었다. 1978년 이후 덩샤오핑에 의한 중국의 개혁은 가족 도급생산 책임제법 혹은 군구, 향촌 기업 체계 등으로 제도화되었다. 제한된 의미의 재산권 및 농부와 사업가를 위한 인센티브제가 중앙 계획 체제를 대체하면서, 이들이 투자 위험을 감수하면서 그들만의 노동의 결실을 향유할 수 있게 허용되었다. 어떻게 동아시아 국가들이 미국에 존재했던 발달된 형태의 시장 자본주의를 채택하지 않았는지, 그리고 실제 왜 유럽 자본주의는 다르게 나타났는지를 설명하는 많은 문헌이 존재한다.[09] 미국에 비해 동아시아와 유럽에서 국가는 경제성장을 촉발하는 더욱 중요한 행위자였다. 그러나 그런 '발전국가들

developmental states'은 여전히 사유재산과 인센티브제와 같은 자유주의 제도에 의지하고 있었고, 이것이 그들의 괄목할 만한 경제성장 기록을 촉발한 것이다.

그럼에도 불구하고, 자유주의는 또한 많은 결점을 지니고 있었다. 그중 몇 가지는 외부적 환경에 의해 발생되었고 다른 것들은 신조 자체에 내재해 있었다. 대다수 신조나 이데올로기는 진실되고 심지어는 신성한 계시에 가까운 핵심적 통찰로 시작되지만, 극단의 방향으로 추구될 경우 잘못되기 마련이고 이때 그 신조는 소위 교조적이 되고 만다.

자유주의는 그 핵심 원칙들이 우파와 좌파 지지자들 모두에 의해 극단으로 치우치는 모습을 보여 왔고, 이때 자유주의의 원칙 자체가 손상되는 일까지 발생했다. 자유주의의 핵심적 사상 중 하나는 개인적 자율성에 높은 가치를 부여하고 보호하는 것이다. 그러나 이러한 기본적 가치를 실행에 옮기는 일은 과도해질 수 있다. 우파 측에서 지율성은 우선 국가의 간섭 없이 자유롭게 경제적으로 사고파는 권리를 의미했다. 이러한 관념이 극단으로 치우치면서 경제적 자유주의는 20세기 후반에 '신자유주의'로 변질되어 기괴한 불평등의 모습으로 이어졌는데, 이 책의 다음 두 장에서 우리가 다룰 내용이다. 좌파 입장에서 자율성은 라이프스타일의 선택과 가치 부여에 대한 사적자율성, 그리고 사회에 의해 부과되는 사회적 규범에 대한 저항을 의미했다. 이러한 좌파의 길을 따라간 자유주의는 근대의 정체성 정치identity politics로 전개되었고, 관용이라는 자유주의 특유의 전

제는 약화되기 시작했다. 이런 자유주의의 극단적인 유형들은
반발을 야기했는데, 이것이 오늘날 자유주의를 위협하는 우파
포퓰리스트와 좌파 진보 운동의 원천이 된다.

2

자유주의에서
신자유주의로

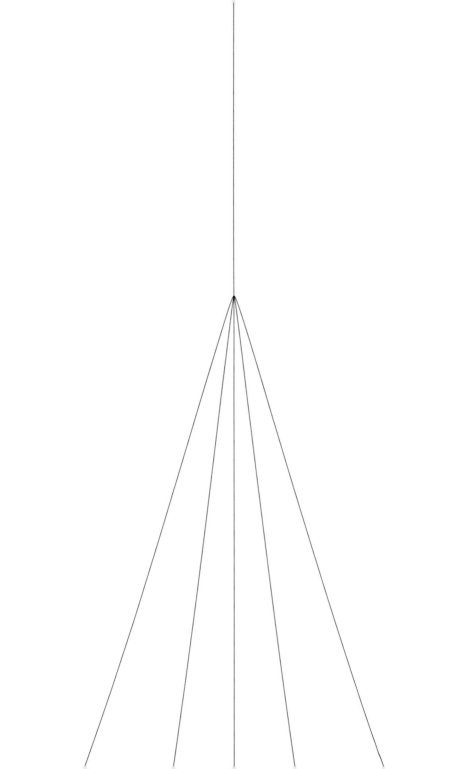

자유주의 사상이 극단으로 나아간 중요한 영역 중 하나는 경제사상인데, 여기서 자유주의는 '신자유주의'라고 불리는 것으로 진화했다.

신자유주의는 오늘날 자본주의의 경멸적인 동의어로 자주 사용되고 있다. 그러나 이 용어는 엄밀한 의미에서 시카고대학교 혹은 오스트리아학파 그리고 밀턴 프리드먼Milton Friedman, 게리 베커Gary Becker, 조지 스티글러George Stigler, 루트비히 폰 미제스Ludwig von Mises, 프리드리히 하이에크Freidrech Hayek 등 일군의 경제학자들과 연결되는 경제사상을 기술하는 것으로 쓰일 때 더욱 적절하다. 이들은 경제에서 국가의 역할을 예리하게 부정하면서 성장과 자원의 효율적인 배분을 촉진하는 자유시장을 강조했다. 이 경제학자들은 상당수가 노벨상을 수상했으며, 1980년대 로널드 레이건Ronald Reagan과 마거릿 대처Margaret Thatcher가 추진한 친시장적이고 반국가주의적인 정책에 지성적 차원의 정당성을 제공했다. 이러한 정책은 중도좌파 정치가들인 빌 클린턴Bill Clinton과 토니 블레어Tony Blair에 의해서 계승되

었고, 이들은 경제 분야 규제 철폐와 민영화를 진척시켜 2010년
대 후반 이러한 흐름에 반발하는 포퓰리즘이 등장할 기초를 놓
았다. 이러한 친시장적 합의는 광범위한 차원에서 젊은 세대에
의해 수용되었지만, 이들 중 상당수는 2008년 거대 재정위기와
2010년 유로 위기 그리고 뒤따른 경제적 곤경들로 인해 신자유
주의의 환상에서 벗어나게 되었다.[01]

보다 대중적인 수준에서, 신자유주의는 미국인들이 칭한
자유지상주의libertarianism와 연합했는데, 자유지상주의의 단일
한 기본 테마는 국가개입에 대한 적대와 개인적 자유의 신성성
에 대한 믿음이다. 자유지상주의자들은 경제 영역에 대한 국가
의 규제를 적대시했으며, 정부는 역동적인 사업가들과 혁신가
들을 방해할 뿐이라는 믿음에서 시카고학파 경제학자들과 뜻
을 같이했다. 그러나 개인적 자유가 우선한다는 믿음은 자유지
상주의자들로 하여금 사회적 이슈에서도 국가 행위를 반대하
도록 했다. 그들은 수십 년에 걸쳐 대다수 자유민주주의 체제들
에서 만들어져 온, 거대하고 지속적으로 팽창하는 것으로 보이
는 복지국가에 매우 비판적이었고, 나아가 약물 사용과 성생활
같은 사적인 행태를 규제하려는 정부의 노력을 비난했다. 어떤
자유지상주의자들은 자신을 돌보는 일은 오로지 개인에게 맡
겨야 한다고 믿었다. 조금 더 사려 깊은 사람들은 사회적 필요
가 있다면 거대한 국가 관료제를 통해서보다는 민간 영역 혹은
시민사회(즉, 비영리조직, 교회, 자발적 집단 등)의 사적 행위를 통
해서 더욱 잘 충족될 수 있다고 주장했다.

레이건-대처의 신자유주의 혁명은 몇 가지 현실적 문제들에 기초하고 있고, 실제 이를 해결하는 데 기여했다. 선진국의 경제정책은 지난 150년간 양극단을 오갔다. 19세기는 규제되지 않은 시장 자본주의의 절정기였다. 국가는 개인들을 치명적 형태의 자본주의로부터 보호하지 못했고 거대한 주기로 반복되는 경제침체, 불황 그리고 은행 위기의 영향을 약화시키는 데 별다른 역할을 하지 못했다.

이러한 상황은 모두 20세기 초반에 뒤바뀌었다. 1880년대를 기점으로, 미국에서는 진보 시대Progressive Era의 개혁가들이 규제 국가regulatory state의 기초를 놓았는데, 이는 주간통상위원회Interstate Commerce Commission가 국가 전역에서 확장 중이던 철도를 규제하면서 시작되었다. 셔먼독점금지법, 클레이튼법, 그리고 연방거래위원회법 등이 정부에 독점 세력의 증대를 제한하는 권력을 부여했고, 1908년의 심각한 은행 위기는 미국 연방준비제도Federal Reserve System의 창설을 불러왔다. 20세기 초 대공황으로 수많은 규제 기구들이 생겨났는데, 여기에는 증권거래위원회Securities and Exchange Commission뿐 아니라 연금을 조직하기 위한 사회보장국Social Security Administration까지 포함되었다. 1930년대의 지구적 자본주의의 위기는 민간 시장을 희생시키면서 국가에 더욱 정당성을 부여했고, 유럽과 북미에서 광범위한 규제 및 복지국가의 등장을 야기했다.

1970년대에는 정책의 추가 과도한 국가 규제 쪽으로 기울었다. 미국과 유럽 경제의 많은 부문들이 과잉규제되었고, 사회복지 체계에 재원이 과하게 투입되며 많은 부유한 나라들이 빚더미에 직면하게 되었다. 거의 30년 동안 끊임없는 경제성장을 경험한 이후, 세계경제는 1973년 중동전쟁과 석유수출기구OPEC에 의해 원유 가격이 네 배 인상된 이후 심각한 정체를 맞았다. 경제성장은 바닥을 기듯이 멈추었고, 전 세계적인 인플레이션의 발생으로 지구 경제는 더 높아진 자원 가격에 적응해야만 했다. 그 영향은 개발도상국들에서 거의 파괴적이었는데, 거대 은행들은 산유국들의 흑자로 생긴 자금을 활용해 라틴아메리카와 사하라 이남 국가들이 기본 생계를 유지하는 데 사용한 부채로 돌렸다. 이러한 상황은 지속하기 어려운 것이었다. 빚더미에 오른 나라들은 차례차례 파산했고 고용 소멸과 고도 인플레이션을 경험했다. 이때 국제 금융기관들이 문제를 해결한 방식은 긴축재정, 유연한 환율, 규제완화, 민영화 그리고 국내 통화 공급의 엄격한 통제 등 시카고학파의 처방을 따르는 것이었다.

미국과 다른 선진국들에서 규제완화와 민영화는 유익한 결과를 보여 주었다. 비행기표 가격과 트럭 운송료는 국가가 전방위적 가격통제를 철회한 이후부터 떨어지기 시작했다. 대처의 가장 영웅적인 순간은 아서 스카길Arthur Scargill과 그가 이끄는 탄광노동조합과 맞설 때였다. 영국 정부는 당시 경제발전에서 더 이상 정부 차원의 석탄 채굴이나, 영국철강British Steel 혹은 영국통신British Telecom과 같은 회사를 소유하는 것에 관심을 두지 않았는데, 이러한 업체들은 민간사업자에 의해 더욱 효율적으로 운영되었기 때문이다. 영국이 1970년대 10년의 좌절 기간을 거친 이후 다시 부흥하게 된 데는 신자유주의적 정책이 큰 영향을 주었다.

그러나 신자유주의적 의제는 비생산적인 극단으로 치우치게 되었다. 시장의 우월한 효율성에 대한 타당한 통찰은 점차 교조화되면서 변질되었고, 국가개입은 원칙적으로 금기시되었다. 예를 들어, 민영화는 심지어 핵심적인 공공시설에서 벌어지는 자연적인 독점의 경우에도 막무가내로 적용되어 멕시코의 텔멕스TelMex 사례처럼 왜곡된 결과로 이어졌다. 여기서 민영화는 공공 통신시설의 정부 독점을 단지 사적인 독점으로 전환시켜 카를로스 슬림Carlos Slim과 같은 세계적 부호의 등장을 야기했던 것이다.

몇 가지 최악의 결과는 신자유주의 이데올로기가 절정에 달한 시점에 붕괴한 구 소련 체제에서 감지되었다. 사회주의 중앙 계획 체제는 전 세계 공산주의경제의 빈곤 상태로 인해 타당하게 불신되어 왔다. 그러나 많은 경제학자들은 중앙 계획 체제가 붕괴하면 사적부문의 시장들이 자발적으로 형성될 것이라고 순진하게 믿었다. 시장 그 자체는 오직 투명성, 계약관계, 소유권 등을 조율할 수 있는 효과적인 법체계를 지닌 국가에 의해 엄격하게 규제될 때에만 작동할 수 있다는 것을, 그들은 온전히 이해하지 못했던 것이다. 그 결과, 소비에트 경제의 많은 부분은 영리한 기득권 부유층들이 집어삼켰고, 그들의 사악한 영향력이 오늘날까지 러시아, 우크라이나 그리고 여타 구 공산권 국가들에 미치고 있다.

　　20년간 급속한 경제성장을 이끌었음에도 불구하고, 신자유주의는 지구 경제를 불안정하게 만들었고 스스로의 성공마저도 갉아먹고 있다. 규제완화는 실물경제의 여러 부문에서 도움을 주었지만, 1980년대와 1990년대 금융 영역에 적용되었을 때는 재난을 야기했다. 전 연방준비제도 이사회 의장 앨런 그린스펀Alan Greenspan과 당대 경제학자들은 금융 부문이 스스로를 조율할 수 있을 거라고 믿었다. 그러나 금융 제도들은 실물경제 속 기업들과 매우 다른 방향으로 행동했다. 거대 투자은행은 제조업과 달리 구조적인 차원에서 위험했는데 만약 은행이 지나친 투자위험을 감수했다가는 경제 전반에 막대한 비용을 초래할 수 있기 때문이다. 이러한 우려는 현실화되어 세계는 2008년 9월 리먼브라더스Lehman Brothers의 몰락을 목도했고, 전 세계 거래 당사자 수천 명이 리먼브라더스에 얽혀 자신의 계약 의무를 충족시킬 수 없는 상황에 처했다. 글로벌 결제 시스템은 얼어붙었고 오직 미국 연방준비제도와 다른 중앙은행들의 거대한 유동성liquidity 주입에 의해서만 구원받을 수 있었다. 만약 대규모 중앙집중적 국가기관이 필연적으로 존재해야 한다면, 바로 이 경우를 지칭하는 것이었다. 자유지상주의자들은 1919년 연방준비제도법이 제정되기 이전, 중앙은행이 존재하지 않고 금본위제에 의존하던 상황에서는 1908년 전국을 뒤흔든 것과 같은 심각한 금융위기를 미국이 주기적으로 겪어 왔다는 사실을 잊고 있었다.

   실제로 미국의 신자유주의자들은 말하자면 자신들이 고안
한 폭발물에 스스로 해를 입고 만 셈이었다. 1980년대부터 지속
적으로 미국 재무부와 세계은행 그리고 국제통화기금은 세계
각국에 자본 계좌를 열고 자유롭게 투자 기금이 흘러가게 할 것
을 권고했다. 그들은 1930년대 은행 위기에 따라 제도화되었던
자본 규제를 없애고자 하였다. 제2차 세계대전의 종결 시점부
터 1970년대에 이르기까지, 지구적 금융 체계는 매우 안정적이
었다. 하지만 신자유주의의 아이디어에 따라 유동성이 제약 없
이 국경을 넘나들게 되면서, 금융위기는 주기적 경고와 함께 발
생했다. 1990년대 초 영국 통화와 스웨덴의 은행 위기를 기점으
로, 1994년 멕시코 페소화 위기, 1997년 아시아 금융위기 그리
고 1998년과 2001년 러시아와 아르헨티나의 국가파산 사태가
일어났다. 이러한 과정은 2008년 미국 서브프라임(비우량 주택담
보대출) 위기에서 절정을 이루었는데, 당시 지구적 자본은 부실
하게 규제되던 미국 담보대출 시장으로 빨려 들어갔고 다시 빠
져나오면서 실물경제를 황폐화시켰다.

   신자유주의는 자유무역에 대한 지지에서도 문제적 결과를
초래했다. 기본적 신조는 옳았다. 국가들이 서로 무역장벽을 낮
춤으로써 시장과 효율성이 증대할 것이고, 모든 무역 당사자에
게 더 높은 수익이 보장되리라는 것이었다. 20세기 후반 동아시
아의 부상과 이 시기 지구적 빈곤의 극적인 감소는 무역의 확대
없이는 불가능했을지 모른다.

   그러나 이 무역 이론가들은 모든 나라의 모든 개인이 자유

무역에서 혜택을 보지는 않을 것이라는 점도 넌지시 설명했어야 했다. 특히 부유한 나라의 미숙련 노동자들의 경우, 다국적 기업들이 생산설비를 해외로 옮김에 따라 비슷한 처지의 가난한 나라의 노동자들에게 직장과 취업 기회를 빼앗길 가능성이 있다. 당시 이 문제에 대한 전형적인 대답은 직장을 잃게 된 노동자들은 직업훈련과 여타 다른 형태의 사회적 도움을 통해 보상받게 된다는 것이었다. 클린턴 정부는 이런 프로그램을 약속하며 북미자유무역협정NAFTA에 대한 노동조합의 반대를 무마시켰다. 그러나 신자유주의 무역의 지지자들이 무역 확장을 위해 시도했던 것과 같은 수준으로 이런 노동자를 위한 프로그램에 시간, 노력, 자원을 확대한 경우는 거의 없었다. 많은 신자유주의자들은 열린 이민정책을 지지했지만, 이것도 노동력을 가장 큰 수요에 따라 이동시키는 것이 더 나은 효율성을 창출한다는 이유에서였을 뿐이다. 그들은 이번에도 노동력의 이동이 복지의 총량을 개선시킬 거라고 예측한 데서는 옳았지만, 분배적 차원의 결과와 그것이 야기할 사회적 반작용에는 관심을 덜 기울였다.

이 모든 사례에 하나의 정치적 문제가 있었다. 유권자들이 지구적 부의 총합의 관점에서 생각하는 경우는 거의 없다는 점이다. 그들은 "흠, 나는 직장을 잃을지도 모르지만, 적어도 중국이나 베트남에 사는 누군가가 혹은 우리 나라로 들어온 이민자들이 상대적으로 잘살게 되었으니까 괜찮아"라고 말하지 않는다. 또한 그들은 자기를 해고한 회사 소유주의 소득이 주가와 보너스와 함께 올라가는 것을 경험하거나, 실업보험 급여로 중국에서 만든 저가 제품을 동네 월마트에서 살 수 있다는 사실에 기분이 좋아지진 않을 것이다.

신자유주의자들이 단지 국가의 경제 개입에 대해서만 비판적인 건 아니다. 그들은 시장경제에 의해 발생한 부작용과 불평등을 완화시키기 위한 사회정책에 대해서도 비판적이다. 다시 한번 말하지만, 그들의 비판은 올바른 기본 가정에서 시작한다. 그것은 정부 프로그램이 힘든 시기를 겪고 있는 사람들을 도우려 할 경우 종종 도덕적 해이를 초래한다는 것이다. 즉, 이러한 정부 정책들은 그 실질적 효과에서 그들이 완화시키려 했던 문제적 행태를 오히려 부추길 수 있다. 만약 국가가 관대한 실업보험을 제공한다면, 노동자들은 다른 때라면 절박하게 선택했을 일자리를 거절하려는 마음을 갖기 쉽다. 미국의 공황기 프로그램이었던 부양아동가족부조AFDC 정책은 아이를 홀로 키워야 하는 여성들에게 혜택을 주었다. 이 정책은 원래 남편이 장애가 있거나 남편과 사별한 여성들을 돕기 위한 것이었지만, 1980년대 즈음에는 가난한 여성들이 파트너와 결혼을 하지 않으려 한다든지, 혜택만을 노리고 결혼 없이 아이만 낳는 경우가 나타나게 되었다. 또 다른 차원의 왜곡된 유인책도 작동했다. 사회적 프로그램의 집행은 많은 나라에서 비대한 관료제의 창출로 이어졌고, 이 관료 체제는 성과와 관계없이 자신들을 보호하기 위한 이해관계를 발달시키게 되었다. 많은 나라에서 공공부문 노동조합들은 점차 강력한 세력이 되었고, 심지어는 사적부문의 노동조합들이 설 자리를 잃어 갈 때조차도 그러했다.

　장기간에 걸쳐 신자유주의 개혁가들은 이러한 경향에 맞서 국가 영역에 대한 감축을 시도했는데, 이는 사회적 프로그램들을 종결하거나 축소하고, 관료들을 해고하고, 또는 프로그램들을 민간 영역의 계약자들 혹은 시민사회단체에 넘기는 방향으로 이루어졌다. 미국에서는 이러한 노력이 1996년의 개인책임 및 노동기회조정법Personal Responsibility and Work Opportunity Reconciliation Act 제정에서 절정을 이루었다. 이 법은 기존 부양아동가족부조 정책을 완전히 종결짓고 그 기금을 각 주 및 지방정부를 위한 사회복지기금으로 전환했다. 이 법의 명칭 자체가 신자유주의적 전제를 가진 입법 의도를 드러낸다. 세계은행이나 국제통화기금 같은 국제기구들은 개도국에서 이와 유사한 국가 영역의 축소를 권고했는데, 이는 '워싱턴합의Washington Consensus'라고 불리며 어떤 경우에는 권고 대상국에게 매우 잔혹한 긴축 처방을 강요하기도 했다.

　'개인적 책임'이란 아이디어는 참된 통찰에 기초한 자유주의적 개념이지만, 신자유주의자들에 의해 극단적인 방향으로 실행되어 왔다. 이들이 말하는 도덕적 해이는 현실이다. 만약 국가가 일하지 않아도 될 만큼 급여를 마련해 준다면, 사람들은 일을 덜 하게 될 것이다. 만약 국가가 너무 많은 위험에 대해 보상을 해 준다면(홍수가 잦은 평야나 산불 위험이 높은 숲 지역에 집을 짓거나 하는 경우처럼), 사람들은 현명하지 못한 방식으로 위험을 감수하려 할 것이다. 과도한 국가개입에 관한 많은 자유주의적 우려들의 근저에 놓인 것은 국가에 대한 지나친 의존이 사람들이 자기 스스로를 돌볼 수 있는 능력을 약화시킬 수 있다는 도덕적 고려였다.

그러나 신자유주의자들과 몇몇 구식 고전 자유주의자들은 주기적으로 이러한 아이디어를 재앙에 비견될 만큼 극단으로 밀어붙였다. 가장 수치스러운 역사적 사례 중 하나는 1840년대 후반 아일랜드의 대기근 때 기근에 시달리는 이들에게 구호물자를 제공하기보다는 곡물 수출을 지속하기로 한 영국의 결정이었다. 결과적으로 아일랜드 인구의 삼분의 일이 사망했다. 당시 영국 재무부 차관이었던 찰스 트리벨리언Charles Trevelyan의 반응은 도를 넘어선 개인적 책임에 대한 믿음을 보여 준다. 그는 신이 아일랜드에 기근을 내린 것이 "아일랜드 사람들에게 교훈을 주기 위한 것이며, 따라서 이 곤경은 너무 많이 완화되어서는 안 된다. (…) 우리가 싸워야 할 진정한 악은 기근이라는 물리적 악이 아니라, 사람들의 이기적이고 타락하고 소란스러운 성향이 보여 주는 도덕적인 악이다"라고 기록했다.[02]

자유주의는 적절하게 이해될 때 국가에 의해 제공되는 광범위한 사회적 보호와 양립 가능하다. 개인은 물론 자신의 삶과 행복에 대해 개인적 책임을 져야 하지만, 다른 한편 개인의 통제를 넘어선 여러 위협에 직면할 수 있는 수많은 상황들이 존재한다. 개인이 전염병의 창궐로 일자리를 잃게 될 때, 일시적인 정부 보조는 단지 의존성을 양산하지 않는다. 의료 혜택에 대한 보편적 접근권이 오로지 사람들을 게으르고 방탕하게 만들지도 않는다. 많은 사람들은 은퇴 이후를 대비한 충분한 저축을 하지 못하거나, 일자리를 구하기 어렵게 만드는 예상치 못한 사건들을 미리 알지 못한다. 사람들에게 일하는 동안 연금을 저축하도록 강제하는 것은 그들의 자유에 대한 침해가 아니라, 장기적 차원에서 그들의 자유를 이롭게 하는 것이다.

자유주의의 기본 원칙은 각 개인들이 자신만의 행복과 삶의 결과에 대해 스스로 책임질 수 있기를 기대하지만, 개인이 스스로의 통제를 넘어선 어려운 상황에 처하게 될 때는 국가가 그들을 돕기 위해 개입하는 것을 얼마든지 정당화할 수 있다. 그러한 국가적 도움의 정도는 국가가 지닌 자원과 여타 실행 능력에 달려 있다. 북유럽 스칸디나비아 국가들은 확장된 복지국가들이지만 국가 영역이 상대적으로 더 작은 미국이나 일본과 마찬가지로 여전히 자유주의 사회이다.

정부에 대한 신자유주의의 과도한 적대감은 명백히 비합리적이다. 국가는 공공재를 공급하는 데에 반드시 필요한데, 시장은 그 자체로 일기예보부터 공공의료, 법원 체계, 식품과 제약 안전, 경찰과 국방에 이르는 공공적인 것들을 제공해 주지 못한다. 국가의 크기는 그것의 질보다는 덜 중요하다. 스칸디나비아에서 사람들은 종종 세금으로 한 해 소득의 절반 이상을 내지만, 그 대가로 대학에서 양질의 교육, 건강보험, 연금 그리고 여타 미국인들은 자신들의 호주머니에서 지불해야만 하는 공적 혜택들을 받는다. 그에 반해 많은 빈국들의 경우, 질적으로 낮은 수준의 국가가 각종 공공서비스를 제공하는 데 실패하고, 이와 함께 세금을 걷고 필수적인 자원들을 공급해야 하는 정부의 능력 또한 약화되는 악순환에 빠져 있다. 정부는 비대해지면서 느려지고 관료제화될 수 있지만, 반대로 지나치게 약해지면서 반드시 필요한 서비스를 제공할 수 없게 될 수도 있다. 자유주의국가는 법규범을 강제할 수 있을 정도로 적당한 힘을 가지면서 개인들이 번성할 수 있는 기본 제도적 틀을 제공할 수 있는 정부의 존재를 필요로 한다.

신자유주의 정책이 시행된 지 한 세대가 지나, 2010년대 즈음에 나타난 결과는 총소득이 그 어느 때보다 높지만 국가 내부의 불평등 또한 크게 증가된 세계의 등장이었다.[03] 세계의 많은 국가는 소수의 과두정 지배자 계급 집단, 즉 경제적 자원을 로비스트 고용과 미디어 자산 획득을 통해 정치적 권력으로 전환시킬 수 있었던 억만장자들의 등장을 목도했다. 지구화로 인해 이들은 자기 돈을 세금이 낮은 지역으로 쉽게 옮길 수 있었고, 이는 국가의 재정 수입을 빈곤하게 하고 이에 대한 정부 규제를 매우 어렵게 만들었다. 해외 출신 인구는 많은 서구 국가에서 증가하기 시작했는데, 이러한 인구 유입은 100만 명 이상의 난민을 유럽으로 보낸 2014년 시리아내전 같은 위기 상황들로 더욱 늘어났다. 이 모두는 포퓰리스트들의 반작용을 위한 길을 터주었는데, 이는 2016년 영국의 브렉시트Brexit 투표와 미국의 트럼프 당선으로 더욱 확연해졌다.

Liberalism and Its Discontents

3

이기적
개인

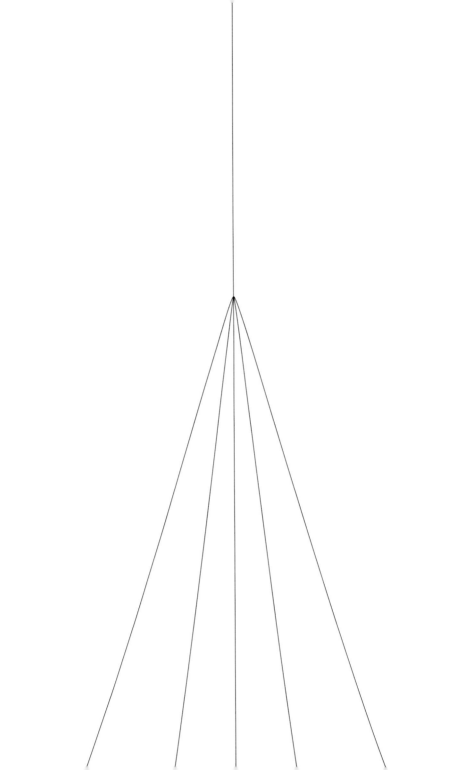

신자유주의 정책이 가진 문제들은 그 즉각적인 경제적, 정치적 효과에 제한되지 않는다. 근저에는 신자유주의 경제이론 자체가 지닌 더욱 심오한 문제가 존재한다. 이 이론은 그 자체로 신자유주의를 잘못된 것으로 만들지는 않지만, 우리는 모든 이론들처럼 신자유주의 경제이론도 인간 행태에 대한 우리의 이해를 과도하게 단순화한다는 점을 상기해야 한다. 이는 우리가 신자유주의로부터 실천적인 결론을 도출하는 데 신중할 필요가 있음을 의미한다. 현실은 항상 이론이 제안하는 것보다 복잡하기 때문이다. 애당초 자유주의 신조의 중심을 차지하고 있는 재산권에 대한 질문을 살펴보자. 경제학자들 사이에서 재산권에 대한 최근의 관심은 1980년대 초반에 경제사학자인 더글러스 노스Douglass North와 같은 저술가들의 작업으로 다시 일었는데, 그는 경제성장의 핵심적인 설명 변수로서 제도, 즉 사회적 행위를 조율하는 지속적인 규칙의 요인을 도입하면서 발전 이론development theory의 모습을 바꾸었다. (믿기 어렵겠지만, 노스 이전에 가장 정설로 인정받았던 경제성장 이론들은 정치, 문화 혹은 다른 비경제적 요인들을 고려하지 않았다.) 노스가 제도에 대해 얘기했을 때, 그는 우선적으로 소유권과 계약의 강제를 생각했고, 이후 다음 세대의 발전 경제학자들은 모두 이러한 제도를 성장의 성배로 간주했다.[01]

물론 재산권에 초점을 맞춘 것에는 중요한 진실의 핵심이 존재한다. 구 소련 체제, 쿠바 혹은 베네수엘라와 같이 사유재산의 전반적 국유화를 단행한 나라들은 혁신과 성장에 큰 문제가 있었다. 결과물을 정부에 의해 자의적으로 빼앗긴다면 아무도 사업에 진지하게 돈을 투자하지 않을 것이다. 그러나 재산권에만 초점을 두는 것은 발전을 위한 마법 공식도 아니고, 정의로운 사회로 가는 길도 아니었다. 디어드리 매클로스키가 보여주듯이, 노스는 당대에 발생했던 부르주아지의 사회적 가치들로 가치관이 변화하고 과학적 방법론이 발전한 것과 같은 변수들이 아니라, 왜 소유권의 보장이라는 요인이 17세기 이후 유럽의 폭발적인 경제성장의 열쇠가 됐는지를 경험적으로 증명하지 못했다.[02]

더욱이 기존의 소유권 체계에 대한 강력한 방어는 원초적인 소유의 분배가 그 자체로 정의로웠을 때만이 정당화된다. 많은 경제학자들은 인간이 아무도 거주하지 않는 주인 없는 무주지terra nullius에 정착하여, 유용한 재산을 창출하기 위해 자신의 노동을 "자연의 무가치한 것들"과 섞을 때 비로소 사유재산이 발생한다는 로크 사상의 전제로부터 암묵적으로 출발한다. 그러나 만약 그 재산이 애초에 폭력이나 강탈로써 취득되었다면 어떻게 될 것인가? 농경사회는 귀족들이 소유한 거대한 영지에 기초해 있었는데, 귀족의 선조들은 전사로서 그 영토들을 단순히 무력으로 지배했던 이들이었다. 귀족의 땅은 농부들이 경작했는데, 수확이 좋지 않거나 몸이 아프면 농부들은 빚에 시달렸으며, 이를 갚지 못할 경우에는 그 지역 영주들이 세운 규칙에 따라 자산을 빼앗겼다. 이러한 형태의 재산 소유는 오늘날에도 파키스탄부터 필리핀에 이르는 나라들에서 경제성장과 민주주의 모두에 거대한 장애물로서 작용해 왔다. 이와 대조적으로 일본, 한국 그리고 대만은 1940년대 후반 미국의 후원 아래 대규모 토지개혁을 단행하여 기존의 큰 봉건 영지들을 와해시켰다. 이러한 소유의 재분배는 이후 이 나라들의 경제성장의 기초로서 널리 받아들여져 왔으며, 또한 이들이 성공적인 자유민주주의로 전환할 수 있는 능력의 바탕이 된 것은 말할 필요도 없다.

　　사유재산에 대한 로크적인 설명은 미국과 '새로운 정착지'로 불린 캐나다, 호주, 뉴질랜드, 아르헨티나 혹은 칠레 같은 곳에서 또한 의문을 불러일으켰다. 이런 지역들은 물론 유럽인들이 새롭게 정착한 곳이지만, 그곳은 약 1만 2000년 전에 이주해 온 선조들의 후예로서 다양한 선주민들이 거주하던 곳이기도 했다. 이들은 유럽인들에 의해 살해당하거나, 노예가 되거나, 자신들의 땅에서 쫓겨나고 사기당하거나, 아니면 유럽에서 넘어온 전염병에 걸려 죽었다. 이 선주민 집단들은 대부분 유럽식의 재산권 그리고 이와 연관된 대지 측량, 토지 등록 그리고 법원 체계와 같은 것들을 가지고 있지 않았다. 오히려 목축 혹은 수렵 및 채집에 종사하는 사람들로서 그들이 향유하고 있던 것은 오늘날 용어로 채집권, 사용권, 접근권 같은 개념으로 설명할 수 있을 것이다.

유럽식 재산권이 토지 이용을 훨씬 더 생산적으로 만들었고, 이렇게 더 높은 수준의 생산성이 토지 소유자들을 포함해 모두의 삶의 수준을 높였다는 데는 의문의 여지가 없다. 그러나 목적이 수단을 반드시 정당화하지는 못한다. 선주민들은 토지 외에 훨씬 더 많은 것을 잃었다. 그들은 그들의 땅이 근대적 사유재산으로 변환됨에 따라 모든 삶의 방식을 상실하고 말았다.

신자유주의 경제이론에는 본질적으로 의문시되는 또 다른 측면이 있는데, 이는 몇 가지 매우 문제적인 정치적 결과로 이어졌다. 이 문제는 신자유주의 경제이론이 소비자 후생consumer welfare을 경제적 웰빙의 궁극적인 척도로서 삼았다는 점, 그리고 이러한 선택이 독점금지와 무역과 같은 정책 영역에 가지는 의미와 관련이 있다. 이러한 방향 변화는 시카고학파와 밀접하게 연결되어 있으며, 대표적 인물로는 에런 디렉터Aaron Director, 조지 스티글러 그리고 누구보다 법학자 로버트 보크Robert Bork를 들 수 있다.

1890년 셔먼독점금지법 통과 이후, 미국의 정책 입안자들은 거대 기업들(혹은 '트러스트')이 미국 민주주의에 미치는 영향에 대해 우려했다. 이후 20세기 내내 미국 법무부와 연방거래위원회는 시장 장악력을 동원해 경쟁을 가로막는 대기업들에 대항해 반독점 소송을 제기했다. 더욱이 대법관 루이스 브랜다이스Louis Brandeis와 연결된 학파는 셔먼법이 소규모 생산자 보호라는 정치적 목적에 부합한다고 믿었다.

법학자이자 후에 법무장관이 된 로버트 보크는 독점금지법이 하나의, 오직 단 하나의 목적을 가져야 한다고 주장했다. 이 목적은 소비자 후생을 극대화하기 위한 것으로 오직 가격과 품질의 관점에서 이해되었다.**03** 보크는 셔먼법이 정치적 목적에 봉사하기 위한 것이 결코 아니며, 독점금지법은 소비자 후생의 극대화와 같은 단일하고 측정 가능한 객관적 척도를 지니지 않는다면 일관성을 지니기 어려울 것이라고 주장했다. 그는 대기업들이 종종 원하는 바를 얻는 이유는 작은 기업들보다 더 효율적이기 때문이며, 정부는 그들의 성장에 걸림돌이 돼서는 안 된다고 제시했다. 그와 그의 동료 시카고학파들은 두 세대에 걸친 경제학자들과 법학자들이 소비자 후생 기준을 채택하도록 설득하는 데에 성공했으며, 이 기준이 독점금지 사건에서 경제적 결과를 판단하는 유일한 척도가 되게 함으로써 정부가 대기업과 거대 합병 세력에 대해 훨씬 더 느슨한 태도를 취하도록 이끌었다.

보크의 시각은 소비자 후생 기준이 특정한 유형의 경제적 논쟁에 유용한 해결 방식을 법체계에 제공한다는 점에서는 옳았다. 예를 들어 만약 월마트나 아마존이 시장에 진입하여 다수 소상공인들의 생계를 위협한다면, 이런 경쟁으로부터 그들을 보호해야 한다는 요구에 대해 어떤 판단을 내릴 수 있을까? 소비자 후생 기준은 대형 소매 기업들에 길을 터 주어야 한다고 지시한다. 이들이 동일한 상품을 영세 소매업체들보다 훨씬 더 낮은 가격에 판매할 것이기 때문이다. 근대경제학은 이럴 때 소상공인들이 문을 닫고 그들의 시간과 자본을 더욱 생산적인 다른 활동에 재투자해야 한다고 제시할 것이다. 이와 달리 브랜다이스학파는 제로섬 경쟁에 처해 있는 소비자들과 소매업자들 사이에서 어떻게 소비자 잉여를 분배할지에 대해 명확한 규칙을 가지고 있지 않았다.

그러나 아직도 많은 사회는 경제적 효율성을 희생하면서 소규모 생산자들을 보호할 수 있고 또 실제 그렇게 하고 있다. 소비자 후생과는 구별되는 사회적 선이 존재한다고 믿기 때문이다. 이러한 믿음은 프랑스와 일본에서 현실화되었는데, 두 나라는 거대 미국 기업들이 국내 시장으로 진입하는 것을 막고자 했다. 만약 스타벅스가 더 싸고 양질의 커피를 제공한다는 이유로 프랑스의 수천 개 소규모 카페들을 밀어낸다면, 프랑스 사회는 더 좋아질 것인가? 만약 미국 스타일의 대형 레스토랑 체인이 일본의 작은 초밥집과 튀김집을 대체한다면 일본 시민들의 삶은 증진될 것인가? 실제 미국의 경우 작은 시내 상점들이 먼저는 월마트 같은 대형 매장으로 인해, 나중에는 아마존과 같은 온라인 소매상들로 인해 폐업하게 되었는데, 그래서 미국 사회는 더 나아졌는가? 아마 이것은 모두 기술적으로 불가피한 현상일 수 있다. 그러나 누군가는 소비자 후생 그리고 이웃이나 삶의 방식 들과 같이 손에 잡히지 않는 선 사이의 절충은 민주적으로 선택할 수 있어야 한다고 주장할지도 모른다. 이 선택이 어떻게 이루어질 수 있을지를 제시하는 경제이론은 없지만, 민주적 논쟁을 통해서는 결정될 수 있다. 경제적 효율성이 다른 모든 사회적 가치들을 압도할 이유는 그 어디에도 없다.

소비자 후생이 경제적 웰빙의 기준으로서 또 문제가 되는 이유는 이것이 웰빙의 무형적인 측면을 포착하지 못하기 때문이다. 오늘날 대형 인터넷 플랫폼업체들은 소비자들에게 자유로운 서비스를 제공할지 모르지만, 그들은 소비자들이 알 수 없고 또 승인하기 어려운 방식으로 사적 데이터에 접근할 수 있다.

이러한 정책적 방향 문제의 근저에는 더욱 심오한 철학적 이슈가 존재한다. 그것은 인간존재가 단순히 소비하는 동물로서 그들의 웰빙이 단지 자기가 얼마나 많이 소비하는지에 달려 있는지, 아니면 생산하는 동물로서 그들의 행복이 자연을 가공하고 창조적인 재능을 행사하는 능력에 의존하는지에 대한 것이다. 현대 신자유주의는 명백히 전자의 입장을 취하지만, 다른 사상적 전통 중에는 인간은 소비하는 동시에 생산하는 동물이기에 행복은 둘 사이의 균형 어딘가에 놓인다고 주장하는 관점도 있다. 철학자 게오르크 헤겔Georg W. F. Hegel은 인간의 자율성이 노동과 함께 주어진 자연을 변환시키는 능력에 달려 있다고 보았다. 이러한 시각에서 근대 세계는 노예에게 존엄성을 부여하여 주인과 동등한 존재로 만들었던 것이다. 카를 마르크스는 이러한 아이디어를 헤겔로부터 얻어 인간존재는 소비하는 동시에 생산하는 존재라고 말했다.

공산주의사회는 생산을 소비보다 지나치게 중시하는 경향

이 있다. 그들에게 '사회주의 노동의 영웅들'은 있을지언정 상점 선반 위 식품은 부재한다. 신자유주의의 등장은 진자의 추를 반대 방향으로 극단적으로 이동시켰다. 미국의 노동자들은 해외의 값싼 노동력에 밀려 일자리를 잃어 갔음에도 불구하고, 신자유주의는 그들이 중국에서 수입되는 값싼 상품들을 살 수 있을 거라고 말했다. 오늘날 공산주의적 방식으로 생산을 소비보다 강조하는 방향으로 회귀하길 원하는 사람은 거의 없다. 그러나 사람들은 노동과 가정 생계의 존엄성을 유지하기 위해 소비자 후생을 얼마간은 희생할 의사를 가지고 있지 않은가? 하지만 이런 선택지는 신자유주의 사상의 헤게모니하에서는 투표자들에게 제시되지 않았다.[04]

이제 이러한 선택은 우리가 생각하는 것만큼 단순히 상충하는 가치들을 둘러싼 문제가 아님이 드러난다. 경제학자 토머스 필리폰Thomas Philippon의 주장에 따르면 미국의 소비자가격은 현재 20년 전과 비교했을 때 전반적으로 유럽보다 높은데, 그 이유는 바로 미국이 독점금지법을 제대로 집행하는 데 실패하면서 거대 기업들이 시장경쟁을 소멸시키도록 내버려 두었기 때문이다.[05] 산업의 집중화는 다른 부작용도 낳는다. 대기업들은 풍부한 자금을 가지고 로비스트 군단을 통해 그들의 기득권을 확보한다. 이는 민주주의에서 예민한 문제가 되는데 특히 이런 기업들의 주력사업이 정치적 담론을 형성하는 뉴스와 정보의 제공일 때 그러하다. 트위터, 페이스북 그리고 구글과 같은 거대 인터넷 플랫폼들이 특별감사를 받게 되는 이유다.[06]

　　20세기 후반에 뿌리내린 신자유주의 사상의 또 다른 흐름이 있다. 이는 주류 고전주의 경제학의 모델로부터 집단행동collective action의 대안적 모델을 제시한 사상 분파로서, 바로 미제스와 하이에크의 오스트리아학파가 주창한 자발적 질서spontaneous order에 관한 이론이다. 특히 하이에크가 관찰한 바에 의하면, 우리가 보는 자연적 질서는 어떤 신성한 설계자가 있어서 새들이 노래하도록 하거나 벌들이 꿀을 만들도록 한 결과물이 아니라, 원자와 분자들 간의 우연적 진화를 거친 상호작용을 통해 등장했다. 이 상호작용을 통해 궁극적으로 원자와 분자는 세포에서 다세포 유기체, 우리 세계를 구성하는 식물과 동물에 이르기까지 점차 복잡성이 증대하는 일련의 존재들로 조직되었다. 그의 주장에 따르면 인간의 사회적 질서도 유사한 방식으로 창출되었다. 개별적 인간 행위자들이 상호작용하면, 이들이 모인 사회집단들은 유전이 아니라 문화적인 방식으로 스스로를 복제한다. 이때 진화 과정이 더 성공적인 경우는 복제되지만, 결과물이 나쁘면 도태된다. 이것의 위대한 예시는 시장의 진화다. 여기서 개별적 구매자와 판매자는 비계획적인 방식으로 상호작용하면서 상대적 희소성을 보여 주는 가격을 창출하고, 상품들을 중앙집권적 계획가들보다 더욱 효율적으로 분배한다. 하이에크는 더 나아가 영국의 관습법이 대륙의 시민법보다 우월한 이유는 이것이 법 전문가들의 중앙집권화된 명령이 아니라, 무수히 탈집중화된 재판관들이 **선례구속**stare decisis의 원칙에 따라 결정한 것으로부터 진화했기 때문이라고 보았다.[07]

하이에크는 시장의 분배적 효율성이 지닌 우월성에 관해서는 옳았다. 그는 1940년대에 동시대의 또 다른 위대한 경제학자였던 조지프 슘페터Joseph Schumpeter와 벌인 유명한 논쟁에서 본질적으로 승리했는데, 이는 시장과 중앙 계획 중에서 무엇이 더 우월한 경제체제가 될지에 관한 것이었다. 그의 사상은 다른 이들에 의해 수용되었다. 1990년대에 인터넷이 출범하자, 많은 기술-자유지상주의자들은 자발적 질서라는 아이디어에 매혹되었고 그 경이로운 산물로서 디지털 세계의 등장을 목도했다. 복잡성 이론은 산타페연구소Santa Fe Institute 같은 곳들에서 구체화되었는데, 이들은 자기조직화의 아이디어를 정식화하고 어떻게 질서가 종종 비계획적인 방식으로 창출되는지에 대한 진정한 통찰을 제시하고자 했다. 이들의 연구 주제는 무리 짓는 새들의 경우에서부터 정부의 혜택 없이도 자원을 공유하는 데 동의한 선주민 공동체의 사례까지 다양했다.[08]

그러나 이 이론도 극단화될 수 있다. 하이에크와 기술-자유지상주의 모두는 국가에 적대적이었으며, 국가가 인간의 자기 조직화의 길에 자주 걸림돌이 된다고 믿었다. 그러나 이러한 적의는 경험적 관찰보다는 이데올로기에 의해 추동된 것이었다. 대다수 경제학자들이 인정하듯이, 시장이 결코 제공하지 못할 많은 유형의 공공재가 존재한다. 아무리 엄격한 중앙 계획이 자기 손실을 야기한다 해도, 예를 들면 일본 혹은 한국과 같은 나라들에서 고도 성장기에 경제성장을 견인했던 것처럼 국가는 종종 돕고 조율하는 기능을 해 왔다. 인터넷 자체는 자발

적인 질서의 산물이 아니다. 그 기반 기술은 미국 정부, 특히 국
방부에서 종종 행한 투자의 결과물로서 여기에는 반도체, 집적
회로 그리고 TCP/IP와 같은 네트워크 프로토콜이 포함된다. 인
터넷이 일단 미국 정부에 의해 민영화되자 인터넷은 탈집중화
된 네트워크로 남아 있지 않고 두세 개 거대 기업들에 의해 장
악되었는데, 이들의 권력에 성공적으로 대항할 수 있는 것은 오
직 정부뿐이다.

그래서 소유권 집중, 소비자 후생 그리고 자발적 질서에 관
한 아이디어들은 신자유주의적 신조가 제시하는 것보다 그 경
제적, 정치적 그리고 도덕적 결과 면에서 훨씬 더 모호하다. 그
러나 시카고학파와 함께 드러나지 않은 근대경제학에 수반된
더 깊은 문제들이 있다. 이 문제들은 모든 유형의 근대 신고전
주의neoclassical 경제학의 기초에 놓인 근본적 모델로 거슬러 올
라간다.

근대경제학은 인간을 '합리적 효용 극대화의 존재rational
utility maximizers'로 규정하는데, 이는 인간들이 상당한 인지적 기
술을 동원해서 개인적인 자기 이익을 극대화한다는 의미다.* 의
문의 여지 없이 인간존재는 보통 탐욕적이고, 개인적 차원에서

---

* 어떤 경제학자들은 효용함수의 범위를 넓혀서, 이타주의나 여타 사회적 고려 행위를
단지 또 다른 형태의 개인적 선호에 포함시키려 한다. 이러한 시도는 그들의 이론을 동어
반복적으로 만드는데, 결과적으로 사실상 인간존재는 그들이 하고자 하는 것은 무엇이
든지 하려 한다는 언급에 그치기 때문이다.

이기적이고 영리하며, 따라서 경제학자들이 제안하는 방식으로 물질적 인센티브에 반응한다. 사적인 인센티브가 결여된 중앙 계획적 공산주의경제는 하나의 재앙이다. 중국이 농부들로 하여금 집단농장에서 일하는 대신에 가족 도급생산 책임제 아래에서나마 소규모 가족 경작지에 대한 이득을 취하도록 허용하자, 중국의 밀 생산은 4년 동안 5500만 톤에서 8700만 톤으로 증가했다.[09]

그러나 이 모델의 핵심적인 부분은 심각한 결점을 지니고 있으며 우리의 일상적 경험과는 맞지 않는다. 우리는 인간존재가 실제로 합리적인지 이 책에서 나중에 다룰 것인데, 근대경제학에서 자기 이익 극대화에 관한 부분에 대해서는 허버트 사이먼Herbert Simon에서부터 현대 행동경제학자들에 이르는 비판자들이 의문을 제기해 왔다. 그러나 여기서 나는 이 모델의 또 다른 측면에 초점을 맞추고자 한다. 인간존재가 무엇보다 우선적으로 개인으로서 행동한다는 이론적 가정에 대한 것이다.

경제학자들은 사회적 행태 이론 전반을 이 개인주의적 가정을 바탕으로 구축했다. 집합적인 행위에 관한 경제이론은 개인들이 집단을 이루어 함께하는 것은 그들만의 개인적 이익을 극대화하기 위한 수단이지, 그 어떤 자연적 사회성으로부터 도출되는 게 아니라고 주장한다. 다시 말하자면, 이 가정은 중요한 통찰을 제공한다. 맨서 올슨Mancur Olson의 1965년 책 『집단행동의 논리The Logic of Collective Action』가 출간되기 전까지, 많은 관찰자들은 인간존재들이 자연적으로 협동할 것으로 가정했

다.[10] 올슨이 지적하기를, 사람들이 집단에 참여하는 유인은 국
방이나 통화 안정과 같이 그 집단이 제공하는 혜택을 취하기 위
한 것이다. 그러나 그들은 이런 혜택을 취하는 데에 집단에서
벗어나 홀로 행동할 유인 또한 지니고 있고, 특히 집단의 크기
가 커져서 개인적 구성원들의 행태를 점검하기 어려울 때 더욱
그러하다. 이는 업무 태만이나 세금 회피와 같은 인간의 행태를
설명한다.

올슨의 저작이 출간된 이후, 어떤 조건에서 개인들이 집단
적 협조를 위해 동의하는지를 이해하기 위해 엄청난 양의 게임
이론이 적용되었고, 이 중 일부는 진정으로 유용한 통찰을 이끌
어 내기도 했다. '주인-대리인 이론principal-agent theory'이라 이
름 붙인 방대한 경제이론은 이러한 개인주의적 가정들을 이용
해 커다란 위계적 조직 내에서 사람들의 행태를 설명하려 한다.
이 이론은 특히 좁은 의미의 경제적 행태에 적용될 수 있다. 언
제 회사들이 가격을 고정시키기 위해 협조할 것인지, 혹은 채권
중개인들이 투자위험을 상대방에 전가시키는 것에 어떻게 반
응할 것인지 등이다. 그러나 결국 이것은 인간 행태를 총체적으
로 이해하는 방식으로는 매우 부적절하다.

인간존재는 종종 이기적인 개인들로서 행동하지만, 그들
은 또한 동료들의 지지와 인정 없이는 개인적으로 행복할 수 없
는 매우 사회적인 동물이기도 하다. 여기서 그들을 추동하는 것
은 합리성과 물질적 욕망이라기보다는 감정이다. 자긍심, 분노,
죄의식 그리고 수치심 같은 감정들은 모두 공유된 사회적 규범

들과 연계되어 있다. 그러한 규범의 구체적 내용이 문화적으로 결정되는 반면, 규범을 따르고자 하는 인간의 성향은 가장 심한 소시오패스(반사회적인격장애자)의 경우를 제외한 모든 사람에게 유전적으로 깊게 박혀 있다. 이는 운동장에서 노는 어린 아이들의 행태에서 볼 수 있는 것으로, 아이들은 또래집단의 비공식적인 규범을 어겼을 때 느끼는 수치심이나 당혹감을 굳이 부모에게 배우지 않아도 경험하게 된다. 우리는 고립된 사람들이 느끼는 심한 고통이나 우울에서 인간의 삶이 갖는 사회 지향적 측면을 목도하며, 이는 최근 코로나19 확산 사태로 인해 강제로 친구나 동료 들과 거리두기를 할 수밖에 없게 된 모든 사람들도 명백하게 경험한 것이다.

인간의 '효용함수'는 그러므로 물질적 선호를 넘어 훨씬 더 많은 무언가를 포함한다. 인간존재는 또한 존경, 즉 다른 인간들이 자신의 가치나 존엄성에 관해 제시하는 상호 주관적인 인정을 갈망한다. 실험경제학에서 유명한 게임인 '궁극의 게임the ultimate game'에서 두 게임 참가자는 돈뭉치 하나를 공유한다. 첫번째 참가자는 본인이 원하는 방식대로 돈을 나눌 수 있다. 두번째 참가자는 앞선 이가 분배한 몫을 수용하거나 이를 완전히 포기할 수 있다. 게임을 반복적으로 수행한 결과는 이러했다. 만약 몫이 대체로 평등하게 분배되면 두 번째 참가자는 거의 항상 자신에게 분배된 몫을 받아들이지만, 만약 자기에게 남은 분배 몫이 특정한 비율 이하로 떨어지게 되면 그 분배 방식의 불평등으로 인해 종종 받은 돈을 포기하려 한다는 것이다. 이러한 행태는 만약 게임 참여자들이 자신의 사적 이익을 단순히 극대화하고자 한다면 비합리적 선택이 될 것이나, 그들에게 자긍심이나 자존감이 있다고 가정한다면 충분히 납득되는 일이다.

더욱이 인간존재는 단지 그들 자신만이 아니라, 종교적 믿음, 사회적 규칙 그리고 전통과 같은 외부적인 것들에 대해서도 존중을 갈망한다. 심지어는 그러한 갈망이 개인적으로 비용을 발생시키는 행위로 이끄는 경우에도 그렇다. 이는 인간존재가 기본적인 경제모델에서 제시하는 바와 같은 방식으로 항상 안정된 선호 체계를 가정한 채 이익을 '극대화'하는 방식으로 행동할 수는 없음을 의미한다. 그들은 미리 예측하기 어려운 방식으로 양립 불가능한 욕망들을 타협시켜야 한다. 이것이 인간적 자율성의 본질이다. 사람들은 지속적으로 물질적 자기 이익과 무형의 선, 즉 존경, 자긍심, 원칙 그리고 연대와 같은 것들 사이에서 선택을 하고 있으며, 이는 기본적인 효용 극대화 모델로는 수용할 수 없다. 이러한 사실은 특히 개인적 행위가 단순한 사적 이해타산보다는 동료들의 기대에 맞춰져 있는 조직체에서 드러난다. 만약 인간존재가 단지 이익 극대화 기계와 같다면, 그들은 결코 전투에 헌신하거나 투표에 시간을 할애하려 하지 않을 것이다.

자유주의이론이 기초한 개인주의적 전제들은 그러므로 잘못된 것이라기보다 불완전한 것이다. 긴 역사적 관점에서 보면, 개인주의는 수 세기 동안 진화해 왔으며 근대적 자기 이해의 중심을 차지하고 있다.[11] 인간의 사회적 발전의 초기 단계에서 조직의 우세한 형태는 작은 무리, 분절적 계보를 가진 종족집단 segmentary lineages 혹은 부족이었고, 사람들 대부분은 고정된 사회적 집단에 강하게 얽혀 있어 개인적 선호를 표현할 기회를 가지기 어려웠다. 이러한 자율성의 결여는 단순한 경제적 선택뿐만 아니라 어디서 살아야 할지, 누구와 결혼해야 하는지, 어떠한 직업을 택해야 하는지 혹은 어떠한 종교적 믿음을 고백해야 하는지에 관한 결정에까지 영향을 미쳤다. 지난 천 년에 걸쳐 일어난 근대화 과정은 이러한 사회적 구속으로부터 천천히 사람들을 해방시켰다.

　　가족에서의 개인주의는 모든 개인주의의 모태다. 전통사회에서 혈연관계는 사회적 질서의 지배적인 구성 원칙이다. 정부가 아니라 친척들이 개인적 선택을 제약하는 규칙들을 수립했다. 내가 이전 저서 『정치 질서의 기원The Origins of Political Order』에서 설명한 것처럼, 확장된 혈연집단은 유럽에서부터 먼저 그들의 세력을 상실하기 시작했는데, 중세 초기 시대 가톨릭교회는 상속 규칙을 바꿔 상속재산을 통제할 수 있는 혈연집단의 힘을 약화시켰다.[12] 로마제국에 만연했던 게르만 야만인들은 부계 혈통의 부족들로 조직화되어 있었으나, 그들이 기독교에 귀의하게 되자 이러한 부족 관계는 해체되고 더욱 계약적이고 개인주의적인 지배와 종속의 관계, 소위 봉건 체제로 대체되었다. 유럽의 법은 개인의 권리를 공식적으로 보호하기 시작했는데, 혈연집단에 대항해 개인들은 재산을 사고, 팔고, 상속할 수 있게 되었고 이러한 권리는 남성뿐만 아니라 여성에게까지 확장되었다. 이러한 경향은 영국에서 가장 두드러졌고, 이 나라는 자연스레 근대 개인주의의 산실이 되었다.

따라서 영국이 근대 자본주의의 모태가 된 것은 또한 우연이 아니다. 근대 시장체제는 교환거래의 비인격성에 의존한다. 만약 당신이 친척들에게 먼저 재산을 사고팔 것을 강요당한다면, 당신이 성취하고자 하는 경제적 규모와 효율성은 제약될 것이다. 재산권 및 법원과 중재자 같은 제3자에 의한 계약이행 관련 제도들은 시장의 범위를 넓히고 낯선 자들 간의 거래를 허용하도록 계획되었다. 그러므로 경제적 개인주의에 의해 증진된 경제성장은 전 세계에 걸쳐 개인주의를 확산시킨 강력한 추동력 중 하나였다.

현 시점에서 우리가 근대적 개인주의로부터 후퇴해 역사적 경로를 역전시킬 수 있다고 생각하는 것은 불합리하며, 인간 역사의 지난 천 년을 거스르는 일이다. 자유주의적 개인주의는 인간의 사회성을 방해하거나 거부하지 않는다. 이 말은 그저 자유주의 사회에서 대다수 사회적 참여는 이상적인 관점에서 자발적이라는 의미다. 당신은 다른 사람들과 함께할 수 있으나, 그것이 어떤 집단인지는 최대한 가능한 범위 내에서 개인적 선택의 문제일 뿐이다. 이것이 우리가 주위에서 볼 수 있는 시민사회를 창출했다. 근대인들은 개인적 선택을 보호하겠다는 자유주의의 핵심적 약속을 강렬하게 욕망하고 있으며, 이는 단지 자유주의와 개인주의가 생겨난 서양의 사람들에게만 해당하는 것이 아니라 지금 근대화 과정에 있는 지구상의 모든 사회에 걸쳐 일어나는 일이다. 그러나 인간존재가 또한 내재적으로 사회적 동물이기 때문에, 이러한 개인주의의 확장은 항상 양가성을 수반하면서 수용되어 왔다. 개인들은 사회에 의해 부과된 제약들에 지속적으로 분개해 왔으나, 동시에 공동체의 끈끈함과 사회적 연대를 갈망하면서 개인주의 속에 외로움과 소외를 느끼기도 하였다.

신자유주의 경제학의 문제는 잘못된 전제들에서 출발했기 때문에 나타난 것이 아니다. 그 전제들은 종종 옳았으나, 단지 미완성의 것이기에 자주 역사적 불확실성에 처했다. 신자유주의 신조의 결점은 이러한 자유주의의 전제들을 극단으로 밀고 나가, 재산권과 소비자 후생을 숭배하면서 모든 차원의 국가 행위와 사회적 연대를 폄하하는 데까지 이르렀다는 것이다.

Liberalism and Its Discontents

4

주권적
자아

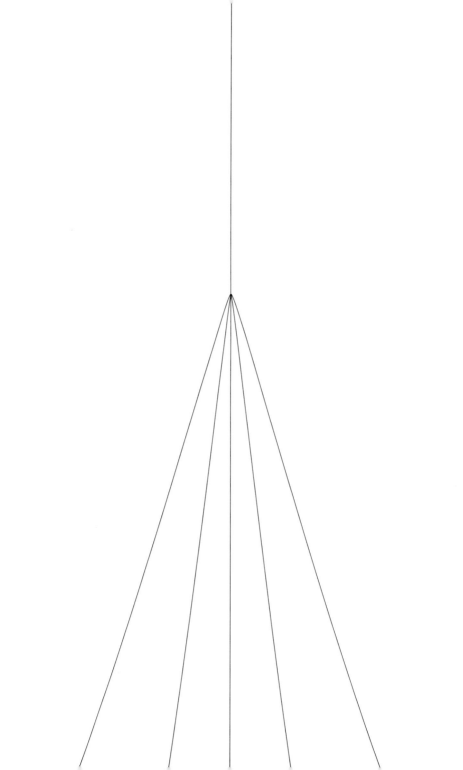

경제적 자유를 우선시했던 우파 자유주의자들은 개인적 자율성을 극단으로 밀어붙였다. 그러나 좌파 자유주의자들도 극단적이긴 마찬가지였는데, 이들은 개인적 자아실현을 중심에 둔 다른 유형의 자율성을 중시했다. 신자유주의가 극단적 불평등과 금융 불안을 초래하여 자유민주주의를 위협했던 것처럼, 좌파 자유주의는 근대적 정체성 정치의 여러 형태로 진화하면서 자유주의 자체의 전제들을 손상시키기 시작했다. 여기서 자율성 개념은 사회적 응집을 여러 방식으로 위협하면서 절대화되었고, 진보적인 활동가들은 그들의 어젠다에 담긴 중대한 목소리를 침묵시키는 국가의 힘과 사회적 압력에 저항하는 것을 자율성의 역할에 포함시키기 시작했다.

개인적 자율성의 영역 확장은 두 가지 분야에서 발생했다. 첫 번째는 철학적인 분야로서, 여기서 사적자율성의 의미는 하나의 확립된 도덕적 틀 안에서의 선택을 넘어 그러한 틀 자체를 선택할 수 있는 능력까지 꾸준히 확대되었다. 두 번째는 정치적인 분야로서, 여기서 자율성은 한 개인을 위한 것이 아니라 개인이 뿌리내린 집단을 위한 자율성을 의미하게 되었다. 첫 번째 경우는 다른 모든 인간적 선보다 자율성을 절대화하는 쪽으로 나아갔고, 두 번째 경우는 인간의 보편성 혹은 관용의 강조 같은, 자유주의 자체의 몇 가지 기본 전제들에 의문을 제기하는 방향으로 귀결되었다.

　　자율성 혹은 선택은 오랫동안 서구 사상에서 인간을 인간으로 만들고, 인간적 존엄성의 기초가 되는 특성으로 이해되어 왔다. 이러한 이해는 성경의 창세기에서 아담과 하와가 신의 명령을 거역해 선악을 알게 하는 나무의 열매를 먹었고, 이후 에덴동산에서 쫓겨난 데서 시작된다. 성경에 따르면 그들은 잘못된 선택을 했으며, 이 원죄로 인류는 고통과 수고와 노동의 짐을 지게 된다. 그러나 이는 또한 인간들에게 도덕적 선택의 능력을 부여하는데, 이러한 능력은 그들이 원죄를 저지르기 전 무죄의 상태에서는 없었던 것이다. 선택의 능력은 인간존재에게 중간 상태의 도덕적 지위를 주었다. 인간은 여타 창조된 자연저 존재들보다 우위에 있는데, 왜냐하면 다른 동물이나 식물과 달리 선택을 할 수 있으며 단순히 본성에 따라 추동되지 않기 때문이다. 하지만 그들은 신보다 낮은 존재인데, 잘못된 선택을 할 수 있기 때문이다. 덧붙여 말할 수 있는 것은, 성경의 이야기에서 인간의 선택 능력은 도덕법 자체를 만드는 정도까지는 확장되지 않고, 단지 이에 복종하는 수준을 의미한다는 점이다. 오직 신만이 옳음과 그릇됨의 본성을 결정할 능력을 가지기 때문이다.

　　창세기는 인간 본성에 관한 매우 깊은 통찰을 담고 있다. 모든 아이는 발달 과정에서 순진무구의 상태로부터 선악에 관한 앎의 상태로 전환된다. 아무도 유아가 울거나 기저귀에 배설한다고 비난하지 않는다. 아이는 어떤 의미에서 도덕적 지식이 없이 태어나서 본능에 따라 행동한다. 그러나 어린이에서 성인으로 발전해 나가면서, 인간은 옳음과 그릇됨에 대한 아이디어들에 노출되고 도덕감각은 그들이 내린 선택을 허용하는 방식으로 발달한다. 세계 속 서로 다른 문화와 법적 체계는 성인에 이르는 나이를 각기 달리 설정하지만, 규범을 따를 책임을 지닌 성인의 개념을 규정하지 않는 문화는 없다. 우리가 모두 아는 것은 개인적 선택이 스스로 선택 불가능한 유전적 요소들뿐만 아니라, 아이들이 자라나는 가족, 친구, 사회경제적 지위 등 환경에 의해 크게 조건 지어진다는 것이다. 많은 법적 체계들에서 이런 외부적 요소를 사회가 범법자를 처벌할 때 영향을 주는 감경 조건들로서 참작한다. 그러나 아무리 그렇다 해도 오늘날 혹은 역사적으로 어떤 사회도 외부적 감경 요인이 있다고 해서 구성원들이 어떠한 형태의 개인적 책임으로부터 대체로 벗어날 수 있다고 말하지 않으며, 세계의 모든 법적 체계는 사람들이 자신의 행동에 책임을 지게 하는 어떤 개인적 선택의 원천이 존재한다는 관념에 기초하고 있다.

　　이러한 본래적인 의미의 유대-그리스도교적 통찰은 루터에 의해 더욱 발전되었고, 신교 개혁의 교리적 기초가 되었다. 루터에 따르면, 기독교의 본질은 오직 믿음, 즉 믿는 이조차 접근하기 어려울 수도 있는 내면의 상태이다. 이러한 믿음은 가톨릭교회가 정한 의례와 규칙에 대한 개인의 순응에 있지 않다. 이러한 사상은 이후 사회적으로 가시화되는 외적 자아outer self와 구별되는, 그 이면의 내적 자아inner self의 존재에 대한 후대의 아이디어들의 기초가 되었다.

　내적 자아에 대한 아이디어는 서구 기독교만이 가진 독특한 특성이 아니다. 예를 들어 힌두교는 시간과 육신들을 가로질러 이동하는 내재적 영혼이란 사상에 기반해 있다. 그러나 대다수 사회는 역사적으로 내적 자아의 욕망들을 표현하는 것보다 기존에 수립된 외재적 규칙에 순응하는 것을 더욱 칭송해 왔다. 루터가 행한 일은 내면적인 것과 외면적인 것 사이의 결합 관계를 바꾸려는 시도였다. 가톨릭교회의 전반적 제도 구성이 잘못되었을 수 있고, 믿음을 가진 개인이 옳을 수 있다. 개신교주의는 성경을 읽으면서 신의 말에 관해 자신만의 결론에 다다를 수 있다는 개인적 신앙인들을 중심으로 성립되었다. 이는 구교에 저항한 혁명을 야기했고, 기독교 믿음의 핵심을 둘러싸고 유럽은 한 세기 반 동안의 종교전쟁에 돌입하게 되었다.

　루터가 시도한 내적 자아의 가치에 대한 고양은 자아가 무엇이든지 원하는 대로 하도록 해방시킨 것이 아니었다. 루터는 기독교의 틀 안에 남아 있었다. 인간존재는 선택의 힘을 지니고 있으나, 그것은 신의 말에 믿음을 가질 수 있는 힘을 의미했다. 이후 수 세기 동안 계몽주의 사상가들은 구교뿐 아니라 종교 그 자체의 권위에 질문을 던지기 시작했다. 선택의 행위는 선택된

것의 실체와 분리되어 더욱 가치 있는 것으로 인식되었다. 프랑스혁명기에 이르러 루터의 기독교적 자유는 인간의 권리로 진화했다. 이러한 권리들은 선택과 연계되었으나, 그것이 원래 자리 잡고 있던 종교적 틀과는 연결이 끊어졌다.

외적인 것을 능가하는 내면적인 것에 대한 높은 가치 평가는 이제 세속화된 형태를 띠게 되었다. 이때 가장 주목할 만한 것은 장자크 루소Jean-Jacques Rousseau의 저작으로서, 그는 모든 인간적 악은 자연 상태에서 고립되어 살며 행복했던 개인들이 사회에 함께 모여 살면서 시작되었다고 주장했다. 루소는 아담과 하와가 속죄해야 하는 원죄를 저질렀다는 성경의 서사를 뒤집었다. 그는 인간존재는 자연적으로 선하나, 이들이 나쁘게 되는 것은 오직 사회로 들어가 자신을 남들과 비교할 때라고 주장했다. 그러나 그는 또한 인간이 '완전해질 수 있는' 존재라고 보았는데, 이것이 의미하는 바는 인간은 오늘날 소위 문화적 환경이라 부르는 것에 의해 결정되지 않으며, 그들의 자연적 선natural goodness을 다시 회복하는 방향을 선택할 수 있다는 것이다. 근대 사상의 기초가 되는 그의 아이디어는 인간은 깊게 숨겨진 내면적 본성을 지니며, 이러한 본성은 우리를 둘러싼 사회가 부과한 겹겹이 쌓인 규칙들에 억눌려 있다는 것이다. 따라서 루소에게 자율성이 의미하는 것은 진정한 내면적 자아의 회복이며 그것을 가둔 사회적 규칙으로부터의 해방이다.

근대 자유주의의 자기 이해에서 중요한 또 다른 계몽주의 사상가는 이마누엘 칸트Immanuel Kant였다. 칸트는 루소의 완전성perfectibility에 관한 아이디어를 수용하여 그의 도덕철학의 핵심으로 변환시켰다. 칸트는 그의 저작 『도덕 형이상학의 기초Foundations of the Metaphysics of Morals』의 서두에서 무조건적으로 선한 것은 선의지good will뿐이고, 도덕적 선택을 내릴 수 있는 능력은 우리를 인간답게 만든다고 제시했다. 인간존재는 목적 그 자체이고 결코 다른 목적을 위한 수단으로서 다루어져서는 안 된다. 여기서 우리는 인간의 도덕적 선택 능력에 근거한, 인간이 신의 이미지에 따라 창조되었다는 기독교적 인간 개념의 세속적 반향을 볼 수 있다. 그러나 기독교적 자유와 달리, 칸트의 도덕성은 신의 계시된 말이 아닌 이성의 추상적 규칙에 근거한다. 칸트의 사유는 자유주의적 보편주의와 평등성의 기초를 놓는데, 모든 사람은 다른 민족성을 지니고 있더라도 도덕적 선택을 위한 능력을 평등하게 지니고 있다는 것이다. 즉 중세 보편교회의 경우에서와 같이, 이러한 평등한 존엄성은 모든 사람들이 동등하게 존중받아야 하며 이러한 존중은 법체계를 통해 공식화되어야 한다는 것을 의미한다.

칸트는 인간이 추구하는 어떤 특정한 목적이나 '선goods'보다 선택 행위 자체를 우선시했다. 그는 이러한 우선성의 근거를 정치적 갈등의 본성에 관한 경험적 관찰에 두지 않았다. 오히려, 선택 행위의 우선성은 그의 형이상학에서 직접적으로 도출되었다. 칸트는 현상계와 예지계를 구별했다. 전자는 일반적 경험을 통해 우리에게 표상된 세계로서, 감각, 기억 그리고 지각이 혼란스럽게 뒤섞인 것이 인간의 주관에 의해 시간과 공간의 복합체를 통해 조직화된 것이다. 후자의 세계는 목적의 왕국으로서 개인적으로 '선택하는 주체들'이 속해 있는 영역이자, 물리학의 결정론적인 법칙에 지배받지 않는 영역이다. 이 선택하는 주체는 가족, 사회적 지위 그리고 소유물 등과 같은 구체적 특징들보다 더 우선하여 존재한다. 사람들은 그 자체로 목적으로서 대우받아야 하며 결코 어떤 목적을 위한 수단으로서 취급되지 말아야 한다. 이처럼 칸트가 도출한 도덕적 규칙들은 이성의 규칙으로서 그의 선험적a priori 가정들에서 도출되기에 그 어떤 형태의 경험적 관찰에도 근거하지 않았다. 도덕적 추론에 관한 이런 접근은 때로 '의무론적deontological'이라고 분류되는데, 그 이유는 이 접근 방식이 인간이 실제로 추구하는 목적들을 특정하는 존재론이나 인간 본성에 관한 실체적 이론과는 다르기 때문이다.

자유주의이론에 관한 영미식의 접근은 결코 의무론적이지 않다. 홉스는 그의 저작 『리바이어던Leviathan』을 인간 본성에 관한 명확한 이론을 제시하며 시작한다. 홉스는 인간적 정념들의 목록을 제시하면서, 폭력적 죽음에 대한 공포를 인간적 '악bads'의 정점에 두고 이 문제를 사회계약social contract을 통해 완화하고자 하였다. '자연 상태'에 대한 홉스의 설명은 실제로 인간 본성에 관한 이론을 은유적으로 담고 있었다. 그의 이론은 로크가 「정부에 관한 두 번째 논고Second Treatise on Government」에서 제시한 것과 차별화되지만, 두 사상가가 모두 인간이 추구하는 실질적인 목적들의 위계를 명시적으로 설명하면서 그들의 이론적 기초를 정립하고 있다. 자연권natural right에 관한 그들의 이론은 토머스 제퍼슨Thomas Jefferson에 의해 계승되었는데, 미국 독립에 대한 그의 주장은 '모든 사람은 평등하게 창조되었다'는 '자명한' 명제에 기초하고 있다.

  오늘날 어떤 이론가도 홉스, 로크나 제퍼슨이 제시한 자연권 주장을 믿는다고 쉽게 공언하지 않는다. 시간이 흐르면서 자유주의 사회에서는 다른 목적들 위에 실질적인 인간적 목적들을 우선적으로 설정하는 것을 점차 꺼리게 되었다. 오히려 가장 최고의 우선적 위치를 차지하는 것은 선택 행위 그 자체이다. 영미적 자유주의 전통과 칸트의 대륙적 접근의 결합은 하버드대학교 교수였던 존 롤스John Rawls에 의해 이루어졌고, 그의 저작『정의론A Theory of Justice』은 현대 자유주의이론의 지배적이고 명확한 표현이 되었다.[01]

  롤스는 칸트처럼 자유주의 사회를 위한 규칙을 인간 본성이나 인간이 실제로 추구하는 목표들에 대한 경험적 관찰에 의지하지 않고 도출하고자 했다. 그의 주장은 칸트와 유사한 관점에서 정의는 선에 우선한다는 것으로서, 여러 선들goods에 대한 선택을 보호하는 규칙들은 개인들이 추구하는 그 어떤 특정한 선보다 우위에 있다는 것이다. 그러나 롤스는 칸트의 형이상학과 여기에서 제시되는 현상계와 구별된 예지계의 개념에 의존길 원치 않았다. 나름의 추상적 규칙에 다다르기 위한 그의 이론적 장치는 '원초적 입장original position'이라는 개념에 의거한다. 이 개념은 개인들이 사회를 위한 공정한 규칙에 대해 동의할 수 있는 상황을 의미하는 것으로서, 여기서 그들은 자신들이 사회에서 차지하는 그 어떤 실제적 지위에 대해서 알지 못하는 것으로 가정된다. 롤스에 따르면, 이 '무지의 장막veil of ignorance' 뒤에서는 아무도 사회의 최약 계층이 불이익을 당하는 규칙을 택하지 않을 것인데, 개인들은 자신이 그 계층 집단에 속하게 될지 여부를 미리 알 수가 없기 때문이다. 나아가 롤스는 인간적 주체는 그것의 구체적 특징들, 즉 재산, 부, 사회적 지위, 성격 혹은 실제 유전적 특성 등 임의적으로 분배된 모든 우연적 사실들로부터 분리된다고 주장했다. 이러한 관점은 그가 자유주의 사회에서 광범위한 복지국가를 정당화하는 이론적 토대를 놓는다. 롤스는 재산이나 심지어는 자연적인 능력 같은 우연한 특성들은 사회 전체의 공통적인 소유물이며, 가장 취약한 계층의 이익을 위해 재분배될 수 있다고 제시했다.

　　롤스적 자유주의는 자유주의이론에 대한 현대적 논의의 중심이 되어 왔고 많은 자유주의자들, 특히 학계와 법조계에 속한 사람들의 지배적인 자기 이해 방식으로 남아 있다. 경제적 자유주의로부터 신자유주의로의 이동, 그리고 로크-제퍼슨적 자유주의에서 롤스식의 자유주의로의 변화 사이에는 어떠한 평행적 유사점이 존재한다. 두 경우 모두, 강력한 기본적 아이디어 (전자의 경우에 자유시장의 이익, 후자의 경우는 개인적 자율성의 가치) 는 더 이상 지탱하기 어려울 정도로 극단까지 확장되었다. 롤스의 경우 문제는 자율성의 절대화에 있었고, 선택의 지위는 고양되어 모든 여타 인간적 선들을 압도한다. 이러한 절대화는 이론적으로 기각당할 수 있는 동시에, 그 실천적 구현 방식 역시 자유주의 사회에서 문제적으로 작용해 왔다.

1971년 『정의론』의 출간 이후 롤스에 대한 많은 비판이 있었지만,[02] 가장 두드러진 공격은 로버트 노직Robert Nozick 같은 자유지상주의 사상가들에 의해 제기되었다. 노직은 개인이 그만의 신체적 자질 혹은 타고난 능력들을 '소유'하고 있지 않다는 롤스의 주장에 의문을 제기한다.[03] 또 다른 중대한 일군의 비판은 알래스데어 매킨타이어Alasdair MacIntyre, 찰스 테일러Charles Taylor, 마이클 월저Michael Walzer, 그리고 마이클 샌델Michael Sandel과 같은 소위 '공동체주의communitarian' 사상가들에 의해 제기되었는데, 이들은 롤스가 절대적으로 우선시한 선택하는 자아 그리고 선을 넘어선 정의에 의문을 제기했다.[04]

샌델은 롤스의 자유주의를 우리에게서 궁극적으로 의미를 소거해 버리는 하나의 해방의 기획으로 묘사한다.

의무론적 우주와 그 안에서 움직이는 독립적 자아는 합쳐 보면 하나의 해방의 전망을 제공한다. 자연의 명령과 사회적 역할의 승인에서 벗어나, 의무론적 주체는 주권자로서 상정되며, 거기에서 유일한 도덕적 의미들의 창조자가 된다. (…) 독립적인 자아들로서 우리는 스스로의 목표와 목적을 관습이나 전통 혹은 세습된 지위로부터 풀려나 자유롭게 선택할 수 있다. 우리의 선에 대한 개념들은 그것들이 부정의하지 않는 한, 단지 우리가 선택했다는 이유만으로 무게를 갖는다.[05]

그러나 앞서 주어진 모든 충성과 헌신으로부터 분리되어 버린 자율적인 자아는 "자유롭고 합리적인 행위자를 이상적으로 개념화하는 것이 아니라, 인격적 특성을 결여하며 도덕적 깊이도 없는 사적 개인을 상상하기 위한 것이다".

> 권리의 우선성에 의문을 제기하는 사람들은 정의가 선과 관련된 것이지 선으로부터 독립되어 있다고 보지 않는다. 철학적인 주제로서 우리의 정의에 관한 생각들은 좋은 삶의 본질과 최상의 인간적 목적에 관한 생각들로부터 합당하게 분리될 수 없다. 정치적인 주제로서 정의와 권리에 관한 우리의 숙고는 문화와 전통 속에서 일어나며, 많은 문화와 전통들이 표현하는 선의 개념들을 참조하지 않고는 진행되기 어렵다.[06]

우리는 이러한 다소 추상적인 주장을 간단한 예를 통해 생생하게 그려 낼 수 있다. 근대 자유주의 사회에 있는 두 개인을 비교해 보자. 둘 중 한 명은 비디오게임이나 웹서핑을 하며 시간을 보내는데, 부유한 집안에서 대 주는 생계비로 살아가고 있다. 그는 고등학교도 겨우 졸업했는데, 자산이 부족하거나 장애가 있기 때문이 아니라 단지 공부를 좋아하지 않았기 때문이다. 그는 마리화나 피우는 것을 좋아하며(그가 거주하는 주에서는 합법이다), 최근의 문제들에 대한 글을 읽는 것에(혹은 독서 전반에) 관심이 없으며, 페이스북을 훑어보거나 인스타그램에 조롱하는 댓글을 남기지 않을 때는 온라인쇼핑으로 시간을 보내길 좋아한다. 소셜미디어에 연결되는 것 이외에 그는 특별히 친구들의 모임에 참여하거나 관심을 두지 않는다. 교통사고를 당한 사람들을 목격하고 도와 달라는 요청을 받으면, 그냥 현장을 벗어나 버린다.

두 번째 개인은 고등학교를 졸업하고 전문대에 진학했는데, 어머니가 홀몸으로 그녀를 키우면서 대학 등록금을 댈 형편이 안 되었기 때문에 학업과 일을 병행해야 했다. 그녀는 공공 문제에 관심을 두고 시간을 최대한 아껴 가며 많은 신문과 책을 읽는다. 그녀는 궁극적으로 4년제 대학을 졸업하고 변호사가 되거나 공직에 가기를 희망한다. 사적으로 그녀는 관대하며 다양한 사람들과 깊은 우정을 나누고, 그녀가 보았을 때 억울하게 고소당한 사람들을 대변하면서 삶의 위험을 감수하는 것을 마다하지 않는다. 그녀와 앞선 사례의 남성의 경우 모두 주변 다른 사람들이 유사한 선택을 하는 걸 방해하지 않는다.

롤스의 정의에 관한 이론은 공적 권위 혹은 여타 개인들이 이러한 두 개인에 대해 판단을 내리고 두 번째 사례의 여성이 남성보다 어느 방식으로든지 도덕적으로 우월하다고 판단하는 것을 허용하지 않는다. 두 경우 모두 스스로 설정한 삶의 계획을 따를 뿐이다. 롤스는 이러한 계획들이 그들의 부모에 의해 주어진 유전적 요소뿐만 아니라 가족이나 각각이 자라난 이웃의 환경과 같은 우연한 사회적 요소들에 의해 강하게 영향받는다고 본다. 이런 의미에서 개인들은 완전히 자율적인 행위자가 아니라 우연한 특성들에 의해 많은 영향을 받으며, 이것이 롤스의 관점에서 그들의 서로 다른 선택을 설명할 것이다. 그러나 이러한 개인들이 다른 사람이 자율적으로 행위하는 것을 방해하지 않는 한, 그들의 상대적인 장점들에 대해 판단을 내릴 수 있는 더 높은 도덕적 근거는 우리 중 그 누구에게도 존재하지 않는다. 로크의 자유주의가 서로 다른 선의 개념들에 대한 관용을 요청했다면, 롤스의 자유주의는 타인의 삶의 선택에 대한 판단중지non-judgmentalism를 요청한다. 실제로, 그의 자유주의는 다름과 다양성 그 자체를 억압적인 사회적 제약들로부터의 해방으로 칭송하는 경향이 있다.

만약 내가 제시한 두 개인의 사례가 인종, 국적 혹은 종교의 차원에서 달랐다면, 자유주의국가는 스스로 선택할 수 없었던 특성들로 사람을 차별할 수 없다는 점에서 롤스의 주장은 옳을 것이다. 그러나 그들의 차이는 인격적 특성 차원에 있으며, 그들이 지닌 공적인 정신, 관대함, 사려 깊음, 주변 사람들과의 의미 있는 소통, 용기, 지식 그리고 스스로를 교육을 통해 개선해 나가려는 관심의 정도에서 분명 서로 다르다. 인격은 개인들에 의해 의도적으로 길러질 수 있는 것으로서, 그들의 자율성의 중요한 부분을 차지한다. 이러한 미덕의 실천은 자유주의 공화국의 중대한 요구사항으로 나타날 것이다. 실제로 J. G. A. 포콕J. G. A. Pocock이 기술한 바에 의하면 마키아벨리의 『로마사 논고Discourses』에서 시작하여 대서양을 건너 미국의 건국자들에까지 영향을 준 하나의 사상적 전통이 있는데, 잘 성립된 공화국은 공적 정신을 지닌 시민들로 구성되어야 하며, 시민들이 지닌

인격적 특성의 내용에 따라 살아남거나 몰락한다는 것이다.**07**

롤스의 주장에 따르면 한 인간의 인격은, 예를 들어 공적 정신으로 충만하든지 아니면 편협하게 이기적이든지, 자율적인 내면적 자아에 본질적인 것이 아니다. 그의 인격적 특성은 그 사람의 문화적 혹은 유전적 속성에 의해 결정된 우연한 것으로서, 그 우연성은 피부색이나 종교적 성장배경과 다를 바 없다. 칸트와 같이 롤스는 인간이 교육을 받고자 하거나 교육받은 사람들과 같은 사회에 함께 살고자 하는 욕망은 선에 대한 하나의 전망이며, 이 전망은 선에 관한 다른 전망들이나 정의의 기본 요건들보다 특별한 우선성을 지니지 않는다고 주장할 것이다. (사실상 칸트는 이 이슈에 대해 비일관적이라 비판받아 왔는데, 다른 곳에서는 교육받은 시민성을 선호하는 주장을 폈기 때문이다.) **08**

롤스의 자유주의는 더욱 넓어진 사회에서 동시적으로 발생하는 내면적 자아의 해방 그리고 사적자율성의 지속적 팽창에 대한 이해, 양자 모두를 위한 철학적 정당화의 계기를 제공했다. 1950년대는 아마도 미국과 유럽 모두에서 사회적 합의와 일치가 절정을 이루던 시기였을 것이다. 미국의 공화당은 뉴딜과 복지국가를 수용했고, 정책적 시각에서 민주당과 실질적으로 겹치는 양상을 보였다. 유럽에서는 강한 복지국가의 필요성에 관한 일반적 합의가 존재했고, 독일과 프랑스에서 복지국가의 건설은 중도우파 기독교민주당의 실질적인 참여와 함께 진행되었다. 미국에서는 주류 개신교파 교회와 가톨릭교회가 높은 수준의 종교적 연계를 보여 주었으며, 당시 미국인들의 50퍼

센트는 정기적으로 교회에 다닌다고 응답했다.[09]

그러나 이러한 사회적 합의의 이면에서 새로운 지적 흐름이 형성되고 있었다. 점점 더 개인들의 목표는 제도 종교에 의해서가 아니라 '자아실현'의 필요성에 의해 설정되었다. 이러한 자아실현의 고양은 루소가 제시했던 내적 자아, 즉 사회적 규제에 의해 질식되고 억압당하던 진정한 존재성의 현대적 표현으로 간주될 수 있었다. 사회심리학자 에이브러햄 매슬로Abraham Maslow는 자아실현을 인간적 욕구의 정점에 놓았는데, 이는 가족이나 사회적 연대 같은 더 평범한 고려 사항들보다 우위에 있다.[10] 그렇게 함으로써 매슬로는 급속하게 성장하는 새로운 치료심리학자therapeutic psychologists 공동체로부터 지지를 받았는데, 이 심리학자들은 점차 목사나 교구신부를 대체하여 어려움을 당하고 소외된 사람들에게 사회적 조언의 원천으로 자리 잡았다.

1950년대의 젊은 세대을 지칭하는 비트 세대beat generation와 1960년대 일어난 저항문화는 관절 순응을 인간적 잠재성 실현을 방해하는 주된 악으로 보고 공격 대상으로 삼았다. 이러한 저항은 정치 영역으로 확장되었는데, 이때 신좌파New Left가 등장하여 당시 나라를 베트남전에 빠뜨린 정책을 제시한 미국 주류 자유주의자들의 개량주의meliorative 정치에 도전했다. 유사한 차원에서 정치의 급진화는 유럽에서도 일어났는데, 예를 들어 1968년 진보 운동에서부터 프랑스의 상징적인 인물이었던 샤를 드골Charles de Gaulle 대통령의 실각에 이르는 여러 사건들을 들 수 있다.

미국에서는 1960년대의 사회적 혼란에 대항해 급속한 정치적 반작용이 존재했는데, 이는 1968년 리처드 닉슨Richard Nixon 대통령의 압도적 승리와 1972년 재선으로 이어졌다. 베트남에서의 완패와 워터게이트 스캔들로 많은 미국인과 유럽인이 그들의 제도에 대한 회의주의를 심화시켰으나, 새로운 세대의 보수주의 리더들, 즉 1980년대 레이건과 대처의 등장을 막지 못했다. 다음 세대를 지나면서 대학가는 차분해졌고, 학생들은 직업 보장과 경력개발을 사회적 이슈나 정치보다 더욱 중시하는 것으로 보이기 시작했다.

레이건주의의 주요 정책 추진 방향은 자유주의적 자율성의 다른 형태에 초점이 맞추어져 있었는데, 바로 신자유주의적 어젠다로서 시장에 대한 국가 규제를 제거하고 경제적 자유를 극대화하는 것이었다. 레이건주의는 국가와 집합적 행위의 아이디어를 가차 없이 공격함으로써 기존의 제도를 부당한 것으로 만들고 정부의 잠재적 역할에 대한 냉소주의를 증대시켰다. 레이건은 비록 개인적으로는 임기 동안 인기가 많았지만, 일반화된 사회적 불신은 그의 임기 내내 꾸준하게 증대했다.[11]

사회적 그리고 정치적 보수주의의 겉치장은 그 표면 아래에서 발생하고 있는 거대한 변화를 가리고 있었다. 자아실현의 욕망은 사라지지 않았다. 그것은 단지 정치와 공공연한 저항문화 운동으로부터 벗어나 더욱 깊숙하게 사적인 무언가로 변질되었다. 태라 버턴Tara Isabella Burton은 이러한 변화를 '리믹스된 종교'로 묘사하며, 제도적 종교에 대한 순응이 개인적 선택의 무수한 조각들로 조합될 수 있는 '직관적intuitional' 종교로 대체되었음을 제시한다.[12] 많은 미국인은 기독교를 힌두교나 불교 같은 다양한 동양 종교들로 보완하거나 아예 대체했는데, 이런 종교들은 주류 교회에서 막힌 것처럼 보였던 영성을 향한 길을 제공해 주었다. 또 다른 수백만 명은 요가나 명상 형식으로 희석된 유형의 힌두교를 실천하기 시작하면서 내적 자아의 회복에 직접적으로 초점을 두었다. 그들은 이런 실천이 운동법이나 정신건강을 모색하기 위한 것이라고 믿었으나, 사실 그들이 무의식적으로 받아들인 것은 그들의 깊숙이 감춰진 자아가 궁극적인 행복의 원천이 될 것이라는 아이디어였다.

이렇게 내적 자아를 모색하는 다른 차원들에는 '웰니스wellness'와 '자기 관리self-care' 운동 그리고 유기농식품을 먹는 등 다양한 실천을 통한 개인적 건강의 강조 등이 있다. 물론 누구나 자신의 몸을 관리해야 한다. 그러나 '웰니스'는 많은 미국인에게 하나의 정신적 의미를 가진 것으로서, 소비자들을 설득해 돈을 벌려는 여러 기업에 의해 활발하게 제시되었다. 이 기업들은 상품이 신체뿐만 아니라 영혼 또한 증진시킨다는 점을 부각했다. 버턴이 언급하는 하나의 사례는 '솔사이클SoulCycle'이라는 신체 단련 스튜디오다. 솔사이클은 단지 에어로빅 훈련만이 아니라, 홍보 자료에 따르면 더 나은 사람("종교를 버린 자, 영웅, 전사")이 되기 위한 길과 전통적 종교가 한때 제공하던 공동체에 대한 감각 또한 제공했다. 내적 자아에 대한 지속적 탐색의 또 다른 징후는 정신 수련 코스, 명상 앱 그리고 자기 관리 제품들인데, 여기서 건강 관련 상품, 유기농식품 그리고 화장품은 '진정한 당신'을 회복하고 보호하기 위한 수단으로 홍보된다. 1950년대와 1960년대의 심리치료사가 정신적인 좌절을 치유하는 사람으로서 목사와 신부를 대체했다면, 2000년대에는 인터넷 '인플루언서'가 등장하고 사람들이 이들에게 도움을 구하기 위해 몰리면서 심리치료사를 대체했다.

자기 관리와 웰니스 운동은 단순히 루소가 제시한 내적 자아에 담긴 '풍부함plenitude'에 관한 현대적 표현이다. 이 자아는 좋은 것이고, 그것의 회복은 인간 행복의 근원이다. 그러나 그 내적 자아는 항생제와 감미료로 가득 차 건강하지 못한 음식들을 우리에게 먹이고 걱정과 자기 의심을 초래하는 목표와 기대를 정해 주는 외부 사회, 그리고 우리의 자기 존중감을 손상시키는 경쟁적 자극들로 오염되어 왔다. 우리는 신을 숭배하는 대신에 우리 자신을 숭배할 필요가 있다. 자아는 의심과 불확실성에 의해 감춰져 있고, 이는 마치 루터에게 신이 숨겨져 있던 것과 같다. 다른 사람들의 잘못된 존중을 추구하기보다, 우리는 우리 자신을 존중할 필요가 있다. 이것이 궁극적으로 우리에게 행위능력과 삶에 대한 통제력을 부여하는 방법이다.

롤스의 자유주의는 사회의 억압적인 통제로부터 개인적 선택을 보호하기 위한 기획으로서 시작되었다. 롤스는 자유주의의 공리주의적 형태를 분명하게 겨냥해 비판했는데, 공리주의는 제러미 벤담Jeremy Bentham과 같이 최대 다수의 행복이 개인의 권리보다 우월할 수 있다고 주장한 사상가들에 의해서 명료화되었다. 롤스가 정의를 선보다 우위에 둔 것은 서로 불일치하는 개인들을 기존의 정립된 의견들, 즉 기성종교의 전통적 교리 같은 것들로부터 보호하기 위한 욕망에 뿌리를 두고 있다. 오늘날 자유주의 사회에서 매우 소수의 사람들만이 롤스의 저작을 직접 읽어 보았겠지만, 그의 시각은 많은 차원에서 대중문화와 미국 법체계로 스며들어 갔다. 우리가 믿는 것은 인간이 지닌 내적 자아와 그것이 지닌 자유가 가족부터 일터 그리고 정치적 권위에 이르기까지 수많은 기존 제도들에 의해 제약되고 있다는 점이다. 많은 영역에서 체제에 대한 저항은 칭송되고, 타인에 대해 도덕적 판단을 내리는 것은 비난받는다. 선택할 수 있는 자유는 단지 기존의 도덕적 틀 안에서 행동할 수 있는 자유가 아니라, 틀 자체를 선택할 수 있는 자유로 확장된다.

누군가가 반문할지도 모른다. 개인들이 스스로를 요가부터 건강 다이어트, 솔사이클에 이르기까지 다양한 방식으로 실현할 수 있는 사회가, 적어도 롤스의 정의 원칙을 위반하지 않고 다른 개인들의 자아실현을 방해하지 않는 한 뭐가 그렇게 위험한가? 이런 상황이 대체 어떻게 자유주의적 사상들의 구현이 아니라, 자유주의에 위협이 된다는 말인가?

이러한 물음에 대한 두 가지 대답이 있다. 첫 번째는 개인의 주권성에 대한 믿음이 다른 형태의 공동체적 결속을 약화시키는 경향을 심화시켰고, 특히 자유주의 시민공동체polity 전반을 지탱하기 위해 필요한 공공의식 같은 미덕으로부터 사람들

을 멀어지게 했다는 것이다. 알렉시 드 토크빌Alexis de Tocqueville
이 통찰한 바에 따르면 개인적 주권성에 대한 믿음은 사람들을
가족과 친구들의 '작은 공동체'에 가두면서 더욱 광범위한 차원
의 정치참여를 어렵게 한다.

두 번째 문제는 위의 경우와 반대 방향을 향한다. 많은 사
람은 그들이 자유롭게 행사하리라는 개인적 주권성에 결코 만
족하지 않을 것이다. 사람들은 그들의 내적 자아가 롤스가 제시
한 바와 같은 주권자가 아니고, 인종주의와 가부장제와 같은 외
부적 힘에 의해 강하게 영향받고 있음을 인지하게 될 것이다.
자율성은 개인들에 의해 행사되기보다는 그들이 구성원으로
있는 집단에 의해 행사될 필요가 있다. 합리적 개인들이 원초적
입장의 원칙들에 동의할 것이라는 롤스의 주장은 인간의 합리
성을 과대평가하는 것이며, 경험적으로도 옳지 않아 보인다.[13]
이렇게 '가치들values'과 관련해서 여지없는 중립성을 추구하는
자유주의의 유형은 결국 자유주의의 가치 자체에 의문을 던짐
으로써 마침내 스스로와 싸우게 되고, 자유주의적이지 않은 무
언가가 되어 버린다.

5

자유주의가
스스로와 싸우다

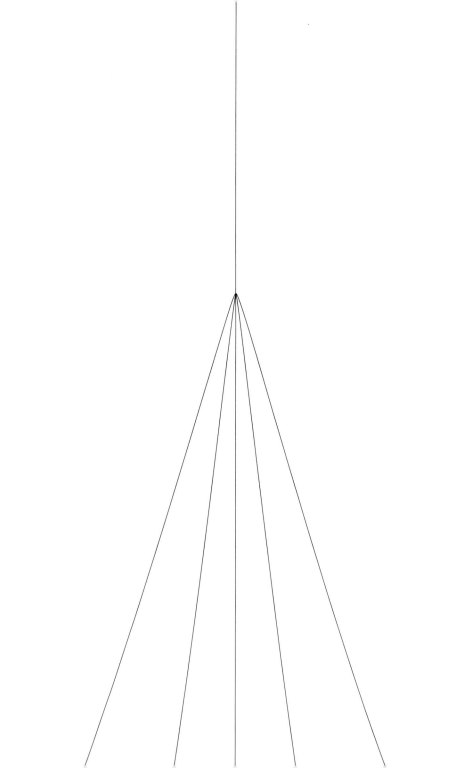

나의 저서 『존중받지 못하는 자들을 위한 정치학Identity』에서 설명했듯이, 우리 각자가 진정한 내적 자아를 가지고 있어 존경과 인정을 요구한다는 아이디어는 오랜 기간 서구 사상에 존재해 왔다. 그러한 정체성들은 다양하며, 복수이고, 어디에나 존재한다. 다른 한편, '정체성 정치'는 인종, 민족 혹은 젠더와 같은 고정된 특성에 초점을 두는 경향이 있다. 이런 특성들은 단지 개인의 속성 중 하나가 아니라, 내적 자아의 본질적인 구성 요소이자 사회적 인정을 요하는 것으로 간주된다.

정체성 정치가 매우 선명하게 나타나는 세계의 많은 지역들이 있다. 발칸반도 국가들, 아프가니스탄, 미얀마, 케냐, 인도, 스리랑카, 이라크, 레바논 그리고 여타 나라들은 명백하게 구분된 민족이나 종교적 집단으로 나뉘어 있으며, 그 작은 정체성들은 종종 더 큰 국가적 정체성들에 우선한다. 정체성 정치로 인해 그런 사회에서는 자유주의가 구현되기 어렵다. 나는 이 책의 9장에서 집단적 인정에 대한 요구들을 조율하기 위해 사용된 정치적 전략에 대해 논할 것이다.

미국에서는 정체성 정치가 좌파에서 시작됐는데, 아프리카계 미국인, 여성, 동성애자 등 여러 사회취약계층 집단들이 1960년대에 발생한 일련의 사회운동의 흐름 속에서 평등한 인정을 요청하기 시작한 것이 계기가 되었다.* 정체성 정치는 이러한 집단들의 권리 증진을 도와줄 수 있는 강력한 동원 수단이었다. 그것은 개인들로 하여금 그들이 겪고 있는 부정의와 불평등한 대우의 방식들, 그리고 자신이 속한 집단의 다른 구성원들과 공통된 점들을 이해하도록 돕는 도구였다.

정체성 정치는 원래 자유주의의 약속을 달성하기 위한 노력으로 등장했다. 자유주의가 설파했던 신조는 법치를 통한 보편적 평등 그리고 인간적 존엄성의 평등한 보장이었다. 그러나 현실의 자유주의 사회들은 이러한 이상에 따라 살아가는 데에 처참하게 실패했다. 미국에서는 남북전쟁 이후 수정헌법 제13조, 제14조 그리고 제15조가 통과된 이후에도, 나라의 많은 지역에서 아프리카계 미국인들을 향한 인종 분리와 심각한 기회의 불

---

* 백인 정체성 정치(white identity politics)는 오랜 기간 존재해 왔다. 큐클럭스클랜(Ku Klux Klan, KKK) 남북전쟁에서 패배한 네이선 포레스트(Nathan Bedford Forrest) 같은 남부동맹군 출신들에 의해 설립되었는데, 이들은 남부가 '북부의 침략 전쟁'에서 부당하게 패했으며 백인들은 계속 인종적 우월성을 주장해야 한다고 믿었다. 그러나 남부 바깥과 그 경계 지역에서 대다수 백인 미국인들은 무엇보다 자신들을 희생당한 백인으로 인식하지 않고, 단지 우연히 백인종에 속한 미국인으로서 바라볼 뿐이었다.

평등이 깊게 자리 잡고 있었다. 여성들은 많은 자유주의 사회에
서 1920년대에 이르기까지 투표권이 없었으며, 1960년대까지
일터에서 광범위하게 배제되었다. 동성애는 많은 민주국가에
서 범죄 취급을 받았고, 게이와 레즈비언은 사회적으로 더 오
랜 기간 동안 격리된 채 남아 있었다. 국제적으로 식민 지배는
제2차 세계대전 이후에도 한동안 세계 곳곳에서 지속되었고,
이러한 상황은 영국과 프랑스와 같은 자유주의 주도 세력이 이
끌었다.

여성들은 기억하기 어려운 먼 옛날부터 성추행과 강간 그
리고 여타 유형의 폭력 등 온갖 종류의 악행을 감내해야 했는
데, 이러한 상황은 1960년대 무렵 여성들이 대규모로 노동시장
에 유입되면서 중대한 문제로 부각되었다. 여성들은 대부분 개
인적 차원에서 이 잘못된 상황을 견뎠으며 마침내 미투(#MeToo)
운동의 등장으로, 이 해시태그(#) 표시가 지칭하듯, 여성에 대
한 추행이 여성들에게 광범위하게 공유된 공통 경험으로 드러
나게 되었다. 이렇게 공유된 경험으로 의식이 변화하면서 남성
과 여성의 상호작용에 관한 법과 규범을 바꾸려는 정치적 운동
이 고취되었다. 이와 유사하게, 아프리카계 미국인들은 상대적
으로 과도한 체포와 구금을 당했고, 비슷한 범죄에 대해 더 높
은 형량을 선고받으며, 백인들은 겪지 않는 방식의 경찰 검문과
검색으로 일상적 분노를 오랜 기간 지속적으로 느껴 왔다. 민주
주의 정치체계에서는, 그러한 불평등한 대우가 시정될 수 있는
유일한 길은 정치적 행위를 통해서이다. 시민들은 흑인이든 백

인이든 인종주의의 본질을 이해해야 하며, 그것과 투쟁하기 위
한 정치적 행위를 요청하는 방향으로 결집되어야 한다.

이렇게 이해된 정체성 정치는 자유주의의 기획을 완성시키
고자 했으며, '피부색을 구별하지 않는' 사회를 향한 희망을 달
성하고자 했다. 이러한 기치하에 1960년대 미국의 민권운동은
법률적 인종 격리를 철폐하고 시민적 권리와 투표권에 관한 법
률과 같은 주요한 법적 변화를 가져왔다. 시민운동가들은 미국
남부에 만연해 있던 차별적 법률들에 도전하기 시작했는데, 경
찰과 자치경비대의 무자비한 대응은 공공 여론에 불을 지폈고,
민권운동은 규모가 확대되었다. 마틴 루서 킹Martin Luther King
목사 같은 민권운동 리더들의 목표는 단지 아프리카계 미국인
들이 수정헌법 제14조에서 약속한 것처럼 더 폭넓은 국가정체
성에 충분히 포용되는 것이었다.

그러나 시간이 흐르면서, 비판의 흐름은 자신만의 이상을
따르지 못한 자유주의의 실패에서 자유주의적 아이디어 자체
와 그 기본 전제들로 옮겨 가기 시작했다. 이러한 비판은 자유
주의의 개인주의에 대한 강조, 도덕적 보편성에 대한 주장, 그
리고 자본주의와의 연관성에 초점을 맞추었다.

최근 몇 년간 미국에서는 '비판적 인종 이론'과 민족, 젠더,
성별 선호 그리고 다른 이슈들과 연관된 여타 비판이론들을 둘
러싸고 소란스러운 논쟁이 존재해 왔다. 현대 비판이론의 아
바타들은 근거 있는 주장을 펴는 진지한 지성인들이라기보다
는 대중 선동가와 정치적 지지자에 가깝고, 그들에 대항하는 우

파 비판가들은 심지어 더 질이 나쁘다(그들 중 대다수는 비판이론의 한 글자도 제대로 읽지 않았다). 비판이론은 자유주의의 근저에 있는 원칙들에 대해 진지하고 근거 있는 비판을 제시했기에, 그 이론의 기원으로 돌아가 보는 것은 중요하다. 비판이론의 더욱 극단적인 유형들은 자유주의적 실천에 대한 비판에서 자유주의의 기초적 본질에 대한 비판으로 이동하면서, 자유주의를 대안적인 비자유주의 이데올로기로 대체하고자 했다. 다시 한번 여기서 우리는 자유주의의 아이디어들이 스스로 붕괴하는 지점까지 확장되는 것을 목도한다.

비판이론의 선구자 중 한 명은 허버트 마르쿠제Herbert Marcuse이다. 그의 1964년 저서 『일차원적 인간One-Dimensional Man』과 그의 논문 「억압적 관용Repressive Tolerance」은 후대 비판이론의 길잡이 역할을 했다. 마르쿠제는 자유주의 사회가 사실상 자유주의적이 아니며 평등이나 자율성 모두를 보호하지 않았다고 주장했다. 오히려 자유주의 사회는 소비문화를 창출한 자본주의 엘리트들에 의해 통제되었고 소비문화는 일반인들을 안심시켜 자신의 규칙을 따르도록 했다. 이러한 상황에서의 자유는 다른 사회를 급진적으로 창조함으로써만 극복될 수 있는 신기루였다.

그리고 모든 개인적 자유와 타자와의 그러한 조화를 가능하게 하는 문제는 기존의 **기득권**established 사회에서 경쟁자들 사이, 혹은 자유와 법 사이, 일반적 이익과 개인적 이익 사이, 공적 복지와 사적 복지 사이의 타협을 모색하는 것이 아니라, 인간이 더 이상 자기결정을 처음부터 손상시키는 제도들에 의해 속박당하지 않는 사회를 **창조하는**creating 것이다.[01]

이와 유사한 관점에서 보면, 의사 표현의 자유는 절대적 권리가 아니다. 잘못된 종류의 의사 표현이 기존의 세력균형을 방어하기 위한 힘에 의해 억압적으로 행사될 때는 관용되어선 안 된다.[02]

당대의 많은 신좌파 급진주의자들이 주장했던 것처럼, 마르쿠제에 따르면 전통적인 노동계급은 잠재적으로 혁명적인 세력이 되기를 멈추고 대신에 반혁명 세력이 되었는데, 이는 그들이 사실상 자본주의에 의해 포섭당했기 때문이다. 나아가 그는 섹슈얼리티를 인간 해방을 위한 투쟁의 요인으로 보고 이에 관한 저술을 남겼다.[03] 그럼으로써 마르쿠제는 20세기와 21세기 진보주의의 접점에서 중대한 다리 역할을 했다. 21세기 진보주의는 불평등을 부르주아지나 프롤레타리아트 같은 넓은 사회계급의 관점이 아니라, 점차 좁은 정체성 집단들, 즉 인종, 민족, 젠더 그리고 성적 지향에 기초한 관점에서 규정했다.

자유주의의 기본 원칙에 대한 체계적 비판에는 몇 가지 구별되는 구성 요소들이 있었다. 이 비판은 자유주의 신조의 전제인 원초적 개인주의에 대한 거부로 시작했다. 마르쿠제처럼 진보적 비판가들은 기존의 자유주의 사회에서 개인들은 실제로 개인적 선택을 행할 수가 없다고 주장했다. 홉스, 로크 그리고 루소 혹은 '원초적 입장'을 제시한 롤스와 같은 자유주의이론 가들은 자연 상태에 있는 고립적인 개인들을 상정하고, 그들이 자발적으로 사회계약이 창출한 시민사회의 상태로 들어가기로 선택한다고 설정했다. 존 크리스트먼John Christman은 다음과 같 이 설명한다.

> 악명 높게도 근대의 서양 정치철학은 포괄적인 관점에서 자유주의의 이론적 특성에 의해 지배당하며, 이러한 맥락에 서 활용되는 인격성personhood의 모델을 근본적으로 **개인주의적** **individualistic**으로 가정했다. (…) 게다가 여기서 정의로운just 정 치공동체의 시민상은 많은 실제적 개인들이 자신을 묘사할 때 즉각적으로 언급할 수 있는 사회적 정체성의 지표, 즉 인종, 젠 더, 성, 문화 등등에 대한 그 어떤 구체적인 참조 사항도 포함하 지 않는다. 자유주의 전통에서 모델로서 설정된 개인은 과거나 현재의 타자들과의 혹은 '그 사람' 바깥의 사회적 요소들과의 본 질적 연계 없이 특징지어진다.[04]

찰스 밀스Charles W. Mills와 같은 초기 비판이론가들은 롤스 가 정의에 관한 이론을 저술할 때 부정의의 가장 큰 역사적 원 천 중 하나로서 특정 인종에 의한 지배를 구체적으로 다루는 데 에 실패했다고 신랄하게 혹평했다.[05] 물론 이것은 롤스의 방법 론의 한 측면이지 어떤 오류가 아닌데, 그의 원초적 입장은 개 인들의 모든 '우연적인' 특성들을 제거하기를 요청하기 때문이다. 그러나 이러한 특성들을 제거하고 남은 자율적 주체의 빈약함은 이론의 중대한 약점이었다. 밀스는 이러한 관점에서 롤스에 대한 '공동체주의적communitarian' 비판의 일부를 구성했는데, 그는 인종, 젠더 혹은 성적 지향과 같은 구체적 특징들에 우선해서 선택하는 개인은 존재하지 않는다고 주장했다.

자유주의의 비판가들은 더 나아가 자유주의는 서구의 개념으로서 다른 문화권의 더욱 공동체적인 전통과 맞지 않는다고 제시했다. 유럽이나 북미에서와 달리 동아시아나 남아시아, 중동 혹은 사하라 이남 아프리카에서 개인주의는 결코 이론적으로 주장된 만큼 뿌리를 내리지 못했다. 개인적 인권의 보편성에 대한 자유주의적 믿음은 오히려 맹목적 유럽중심주의를 드러낼 뿐이었다.

이러한 원초적 개인주의에 대한 비판으로부터 출발하여, 비판이론가들은 자유주의가 집단의 중요성을 인식하는 데에 실패한 사실을 거론하는 방향으로 나아갔다. 자유주의이론은 가족, 회사, 정당, 교회 혹은 시민사회단체 등 어떠한 집단이든지 개인들이 모두 자발적으로 조직할 것이라고 가정하는 경향이 있다. 비판가들은 세계에 실재하는 사회들은 인종이나 젠더와 같이 사람들이 스스로 통제할 수 없는 특성들에 따라 범주화되는 비자발적인 집단들로 조직된다는 사실을 자유주의가 설명하지 않았다고 주장했다. 앤 커드Ann Cudd의 주장은 다음과 같다.

우리는 사회집단에 속한 개인들인데, 이 중 몇몇은 우리가 선택한 것이고, 다른 몇몇은 우리의 선택 가능성 여부를 떠나 속하게 된 것이다. 그러나 사회과학자들, 철학자들, 그리고 이론가들은 종종 두 가지 종류의 사회집단 중 한쪽 혹은 양자 모두를 무시하고 축소하거나 부인하면서 이러한 사회적 삶의 그림을 모호하게 만들어 왔다.[06]

모든 집단 구성원이 자발적이라고 믿는 자유주의적 경향은 바로 신고전주의 경제학자들이 지지한 집합행동이론에 깊숙이 자리 잡고 있다. 3장에서 언급한 바와 같이, 이런 관점에서는 집단이 오직 그 개별적 구성원들의 이익을 증진하기 위해서만 존재한다. 이와 대조적으로 비판이론에서는 가장 중요한 집단들은 어떤 집단의 타 집단에 대한 지배의 산물이라고 주장했다.

이런 관측에서 비롯된 또 다른 비판점은 자유주의가 문화적 집단들에 충분한 자율성을 부여하는 데 실패했고, 서로 다른 전통을 가진 다양한 인구 집단에 유럽적 가치에 기초한 문화를 강요했다는 것이다. 각 집단은 단지 타집단을 희생양 삼는 것에 의해서가 아니라, 그 집단을 하나로 엮는 깊은 문화적 전통들에 의해 규정된다. 그래서 자유주의적 다원주의는 개인들의 자율성뿐만 아니라, 주어진 사회를 구성하는 문화적 집단들의 자율성을 인지할 수 있어야 한다. 문화적 자율성은 교육, 언어, 관습을 통제할 수 있는 집단의 능력 그리고 특정한 집단이 자신의 기원과 현재의 정체성을 어떻게 이해하는지를 규정하는 서사들 속에 존재한다.

자유주의에 대한 세 번째 비판은 계약이론의 활용과 연관 있다. 홉스, 로크, 루소, 그리고 롤스는 모두 명백하게 사회계약을 언급하고 있고, 이 속에서 구성원들 간의 자발적인 동의를 통해 정의로운 사회가 형성될 수 있다고 본다. 물론 그들 사이에 차이는 있다. 홉스는 개인들이 자발적으로 군주정에 복속될 수 있다고 믿으나, 로크는 계약은 피지배자의 명백한 동의에 의해서 지지되어야 한다고 믿는다. 그러나 이들 모두는 계약의 당사자들이 선택을 행할 수 있는 개인들이라고 가정한다.

페미니스트 캐럴 페이트먼Carole Pateman은 저서 『성적 계약The Sexual Contract』에서 고전적 자유주의이론의 자발성 전제를 공격한다. 페이트먼은 많은 초기 계약 이론가들이 노예 계약의 정당성을 믿었다는 점에 주목한다. 만약 취약한 개인이 노예의 삶과 강자의 손에 의한 죽음 중에 선택을 해야 한다면, 그 사람은 자발적으로 노예의 삶을 택할 것이다. 페이트먼의 주장은 마르크스주의가 제시한 자본주의사회에서의 '자유노동' 개념에 대한 비판과 조응한다. 매우 다른 수준의 힘을 가진 개인들 사이에 맺어진 계약은 단지 그들이 겉보기에 자발적이라는 이유로 공정성을 보장하지 못했다. 페이트먼은 이러한 문제가 특히 성적 위계 관계에 적용되었다고 보았다. 로크는 그의 「정부에 관한 논고Treatises on Government」에서 로버트 필머Robert Filmer의 가부장적 이론을 공격한 점에 대해 전통적으로 신뢰받아 왔다. 명백하게 필머는 군주가 지닌 권위의 근원을 가정을 지배하는 아버지의 권위에서 찾은 바 있다. 그러나 페이트먼이 보기에, 로크는 정치사회를 가정이라는 자연적 사회로부터 분리시켰다. 정치사회는 자발적이고 합의적이나, 가정은 자연적이고 위계적이다. 페이트먼은 이렇게 형성된 새로운 정치사회가 오직 아들만을 해방시켰다고 주장했다.

> 성적 권리 혹은 결혼의 권리, 즉 원초적인 의미의 정치적 권리는 그때 완전히 감추어진다. 그 은폐는 너무도 아름답게 집행되었기에 현대 정치 이론가들과 활동가들이 '망각'할 수 있는 것은 또한 사적인 영역이 두 성인 간의 계약적 관계를 포함하며 그 속에 기원을 두고 있다는 점이다. 그들은 근대적 가부장제에서 여성들이 아들들과 달리 결코 그들의 '미성숙' 혹은 남성의 '보호'로부터 벗어나지 못했다는 사실로부터 아무런 놀라운 점을 발견하지 못한다. 우리는 결코 시민사회에서 남성들과 같은 기초 위에서 상호작용하지 않는다.[07]

여성들은 계약에서 배제되었고, 시민사회로 편입되지 못했는데 그 이유는 "자연적으로 시민적 개인이 되기 위해 요구되는 능력들을 결여"하고 있기 때문이었다.[08]

밀스는 더 나아가 이러한 계약이론에 대한 비판을 젠더뿐 아니라 인종문제까지 확장시킨다. 미국 헌법은 새로운 나라를 설립한 하나의 명백한 계약이었으나 기본적으로 아프리카계 미국인들을 시민권에서 배제했고, 각 주의 대표자 할당을 위한 인구 비례 파악에서도 그들을 온전한 한 인간의 오분의 삼에 불과한 존재로 버젓이 계산했다. 밀스는 성적 계약의 경우와 마찬가지로, 이러한 인종적 배제가 백인 시민들의 미국의 기원에 대한 숭배 이면에 감춰져 있었다고 주장한다.[09]

　자유주의에 대한 네 번째 비판은 이 신조가 자본주의의 가장 탐욕적인 형태에서 분리될 수 없고, 그럼으로써 착취와 명백한 불평등을 지속적으로 양산할 것이라고 주장한다. 앞선 2장과 3장에서, 나는 '신자유주의'가 특정한 역사적 순간에 미국과 다른 나라들에서 지배적이었던 경제적 자유주의에 관한 특정한 해석이었다고 주장했다. 새뮤얼 모인Samuel Moyn은 특히 이러한 연결이 우연적인 것이 아니라 필연적인 것이었다고 주장한다. 자유주의의 개인주의와 재산권에 대한 강조는 불가피하게 신자유주의로 이어지게 된다는 것이다.[10]

　비판이론가들은 자유주의와 식민주의의 연관성과 유럽의 비백인 선주민들에 대한 지배를 근거로 자유주의를 공격했다. 프란츠 파농Frantz Fanon과 같은 저자들에 의해 명료화된 탈식민주의 이론은 비서구 사람들과 그들의 관점을 평가절하하는 서구의 문화적 우월성의 태도를 비판했다.[11] 이 이론은 또한 식민주의를 자본주의와 연결 지었다. 포르투갈과 영국 사람들은 16세기와 17세기에 북대서양을 가로지르는 삼각무역 체계를 수립하여 설탕, 럼주, 이후에는 면화 등을 제조업 상품 그리고 노예와 교환했다. 미국 남부 흑인 노예들이 수확한 면화는 영국의 산업혁명을 가능하게 한 중요한 자원으로 쓰였다.[12] 판카지 미슈라Pankaj Mishra는 어떻게 자유주의가 인도나 알제리 같은 식민지 나라들에서 변질되며 악취를 풍기게 되었는지, 존 스튜어트 밀John Stuart Mill이나 토크빌 같은 자유주의자들은 유럽이 다른 지역 사람들을 지배하는 것을 어떻게 지지했는지 서술했다. 미슈라에 따르면, 서구 자유주의자들은 자유주의적 가치의 보편성과 자율적인 개인으로서의 인간에 관한 기본적인 모델을 믿었는데, 이는 단지 그들이 정복했던 영토의 매우 다른 문화적 전통들과 그 전제들에 대해 제대로 알지 못했기 때문이었다.[13]

자유주의에 대한 마지막 비판은 실질적인 것이라기보다 절차적인 차원과 더욱 관련 있다. 자유주의 사회는 입헌적 견제와 균형을 통해 권력을 제한하기 때문에 정책이나 제도를 바꾸기가 매우 어렵다. 자유주의 사회의 변화는 심의와 설득에 의존하나, 이러한 과정들도 기껏해야 느리게 굴러가거나 최악의 경우에는 현존하는 부정의를 교정하는 데 지속적인 방해물로 작용하기도 한다. 정의로운 사회는 부와 권력의 재분배를 큰 규모에서 지속적으로 요청하는데, 이는 현재 기득권자들의 강렬한 저항에 직면하기 마련이다. 따라서 정치적 힘은 그러한 제도적 견제와 균형의 희생을 치르면서 행사될 수밖에 없다.

그래서 비판이론의 상당수는 자유주의가 스스로의 원칙에 따라 살지 못한 위선과 실패를 고발하는 것을 훨씬 넘어, 그 신조의 본질에 대한 비난까지 서슴지 않는다. 서로 다른 줄기의 비판이론들은 모두 마르쿠제의 주장을 변주하는데, 즉 겉으로 자유주의적인 척하는 정치체들은 사실상 자유주의가 아니라 세력균형을 유지하면서 이익을 얻는 숨겨진 권력구조들의 이해관계를 반영하고 있다는 것이다. 이 이론들에 의하면 지배적 엘리트들, 즉 자본가, 남성, 백인 혹은 이성애자 등과 자유주의의 연계는 역사적 우연이 아니다. 오히려, 이러한 지배는 자유주의의 본성에 필수적이며 다양한 집단들이 자유주의를 하나의 이데올로기로서 지지하는 이유이다.

그러나 이러한 비판적 관점들은 모두 그들이 의도한 공격목표에 명중하지 못하고 있으며, 이러한 실패에 대해 서로 연좌제적인 책임이 있다. 위에서 언급된 각각의 자유주의 비판들은 어떻게 그 신조가 본질적으로 잘못되었는지를 보여 주지 못한다. 자유주의가 지나치게 개인주의적이고 역사적 우연으로 발생한 유럽 사회의 특성이라는 비난을 살펴보자. 3장에서 나는 이러한 비난이 개인의 자기 이익을 인간의 보편적 득성으로서 우선시하는 현대 신자유주의 경제이론에 어떻게 정당하게 적용될 수 있는지에 대해 설명했다. 그러나 인간존재가 그들의 인격 안에 이기적 개인성의 차원뿐만 아니라, 친사회적인 차원도 지니고 있다는 사실은 자유주의를 보다 폭넓게 이해하면 쉽게 수용될 수 있다.

인간의 사회성은 넓은 범위의 유형들을 보여 주는데, 사실상 이 유형들 중 거의가 자유주의 사회에서 융성하도록 허용된다. 사회가 부유해져 잉여자원을 더욱 많은 사회적 활동에 공여할 수 있게 되면서 사적 단체에 참여하는 삶이 크게 성장했다. 근대 자유주의국가들은 자발적인 시민사회 조직들의 밀도 높은 네트워크를 보유하고 있는데, 이러한 사회적 네트워크들은 공동체, 사회적 서비스, 사회 구성원과 넓게는 정치공동체를 위한 지지를 제공한다. 또한 자유주의는 국가가 공동체의 핵심 영역locus으로 성장하는 것을 방해하지 않는다. 복지국가와 사회적 보호기제는 19세기 후반 이후 계속해서 엄청나게 커졌고, 많은 선진 자유민주주의 국가에서 국내총생산GDP의 거의 절반을 차지하기에 이르렀다.

개인주의는 실제로 유럽의 특정 지역에 역사적인 뿌리를 두고 있으나, 그 뿌리가 생긴 시점은 근대적 개인주의의 발생보다 거의 천 년 정도 앞선다. 3장에서 언급된 바와 같이, 가톨릭교회에서 도입된 일련의 규칙들, 즉 이혼, 축첩, 입양 그리고 근친혼을 금지하는 조치는 더 확장된 혈연 네트워크를 통해 재산을 후대에 물려주는 관행을 더욱 어렵게 하였다.

그러나 개인주의는 '백인종'이나 유럽만의 특성이 아니다. 인간 사회의 항구적인 도전 과제 중 하나는 사회조직의 원천으로서 혈연관계를 넘어, 사회적인 상호작용의 더욱 비인격적인 형태를 지향하는 것이다. 유럽 외부의 많은 사회들은 광범위한 전략을 동원해 혈연집단의 세력을 축소시켜 왔다. 그 예로는 중국과 비잔틴제국에서의 환관의 활용, 혹은 생포한 노예 중 능력이 있는 자들을 선별해 군인과 행정가로 교육하는 대신에 가족은 만들지 못하게 했던 맘루크-오스만의 관행을 들 수 있다. 능력주의는 그저 명백하게 수행 능력이 떨어지는 당신의 사촌이나 자녀를 고용할 필요를 없애고, 주어진 과업을 달성하기 위해 가장 적합한 개인들을 선발하려는 또 다른 효과적 전략이었다.

오늘날 몇몇 문화적 자율성의 지지자들은 표준화된 검사를 통해 실제 측정된 양적, 질적 추론 역량은 인종적 소수자들에 대한 문화적 편향성을 드러낼 수 있다고 제시한다. 어떤 인종적, 민족적 집단들이 특정한 활동에서 전반적으로 다른 집단들보다 더 잘할 수 있다는 사실은 실제로 문화가 어떤 결과 산출의 중요한 결정변수라는 점을 보여 준다. 그러나 이 문제의 해결책은 그러한 성공에 대한 문화적 장애물들을 개선하는 데 있지, 단지 그 성공의 범주 자체를 평가절하하는 데 있지 않다.

능력주의가 백인종의 정체성 혹은 유럽중심주의와 어떻게든 연계되어 있다는 시각은 현대 정체성 정치의 편협한 관점을 드러낸다. 능력주의와 표준화된 시험은 다른 비서구 문화들에서도 뿌리를 찾을 수 있다. 시험은 중국에서도 도입되있는데, 심한 군사적 경쟁의 압박에 처한 지배자들은 시험 없이는 능력 있는 장군과 행정가 들을 등용하기 어렵다는 사실을 발견했기 때문이다. 시험을 통한 인재 등용 방식은 진나라가 기원전 221년 중국을 통일하기 전부터 활용되었고 이후 거의 모든 중국 왕조에서 일반적으로 보이는 특징이 되었다. 실제로, 표준화된 시험의 경쟁을 준비하는 젊은이들의 모습은 중국 문화의 가장 오래되고도 깊이 있는 전통 중의 하나이며, 서구 행정국가들에서 규범으로 자리 잡기 수 세기 전에 이미 도입되었다. 중국의 지배자들은 초기 근대 유럽의 경우와 유사한 구조적, 환경적 조건들에 직면했고, 그들의 물리적인 거리와 문화적인 차이에도 불구하고 비슷한 사회적 제도를 고안했던 것이다.

자유주의적 개인주의는 어쩌면 서구 문명의 역사적 산물일지도 모르지만, 일단 자유에 노출된 다양한 문화의 사람들에게 매우 매력적임을 증명해 왔다. 더욱이 근대의 경제적 삶은 전통 사회의 단합된 공동체적 제약으로부터 해방되고자 하는 개인들에게 의존한다. 오늘날 수백만 명은 그러한 공동체적으로 제약된 장소들에서 벗어나서 더 많은 경제적 기회만이 아니라 더 큰 개인적 자유를 약속하는 법적 관할 지역으로 피하려 한다.

이와 연관되어 자유주의국가들이 집단들의 법적 지위를 인정하는 데 실패했다는 비판은 전반적으로 잘못되었다. 자유주의국가들은 다양한 집단에 법적 지위를 인정하고 수여하며, 때때로 재정적인 지원까지 한다. 다만 이들 국가는 인종, 민족, 젠더 혹은 계승된 문화와 같은 고정된 특성에 기초한 비자발적인 집단들에게 기본권을 부여하는 것에는 주저한다. 여기에는 충분한 이유가 있다. 이러한 집단들 각각은 여러 유형의 개인을 포함하고 있으며 개인의 이익과 정체성은 집단 전체를 특징짓는 것과 매우 다를 수 있다. 또한 대표성이란 심각한 문제도 있다. 누가 아프리카계 미국인들이나 여성, 혹은 동성애자들을 하나의 범주로서 대변해서 이야기할 수 있을 것인가?

다문화주의multiculturalism는 상대적으로 중립적인 명사일 수 있고, 이때 이 용어는 단지 서로 다른 문화적 배경을 가진 사람들이 공존하는 다양한 사회의 현실을 묘사할 뿐이다. 개인적 자율성은 종종 집단적 정체성의 선택을 수반하며 자유주의 사회는 그 자유를 보호할 필요가 있다. 미국, 호주, 캐나다 같은 자유주의 사회에서 대도시는 삶에 풍부함과 흥미를 더하는 거대한 문화적 다양성을 누린다.

그러나 자유주의 원칙과 일치하지 않는 문화적 자율성의 유형도 있다. 많은 무슬림 이민자 공동체들은 여성, 동성애자 그리고 종교적 믿음을 저버리는 사람들을 차별하며, 이러한 차별은 개인적 자율성에 관한 자유주의적 원칙들을 존중하지 않는 방식으로 이루어진다. 고전적인 사례는 무슬림 가족이 본인의 의지와 달리 딸에게 이미 예정된 혼인을 하도록 강제하는 경우이다. 유럽에서는 이런 경우 국가가 이민자 집단의 공동체적 권리를 보호할지, 아니면 해당 여성의 개인적 권리를 보호할 것인지 여부를 두고 결정을 내려야 하는 입장에 처하게 된다. 여기서 자유주의 사회는 여성 개인의 편에 서서 집단의 자율성을 제한하는 것 이외에 다른 선택의 여지는 없는 것으로 보인다.

계약이론이 서로 다른 사회집단들 간의 세력균형을 반영하지 않는다는 비난은 충분한 사실이나, 다시 살펴보면 이러한 문제들은 자유주의 사회들에서 시간이 흐르면서 개선되어 온 것도 사실이다. 실제 미국의 건국 초기에는 흑인을 온전한 인간으로 보지 않고 오분의 삼 인간으로 계산하는 헌법 조항으로 대표되는 인종적 계약이 존재했다. 그 헌법 문서는 하나의 계약으로서 노예제를 유지하고자 하는 정파들과 이를 폐지하거나 제한하고자 하는 다른 정파들 사이의 타협의 산물이었다. 노예제를 둘러싼 도덕적 이슈는 미국 정치를 지속적으로 괴롭혔고, 링컨

대통령이 그의 두 번째 취임 연설에서 주목한 것처럼 남북전쟁
의 근본 원인이었다. 종전 이후 수정헌법이 통과되면서 계약의
본질이 근본적으로 바뀌었다. 그 계약이 사법적으로 실현되기
까지 또 다른 백 년이 걸렸고, 노예제의 원죄가 지닌 항구적 효
과는 아직 현재진행형으로 남아 있다. 현대의 어떤 인종 이론가
들은 이런 인종적 계약이 여전히 그 자리에 남아 있으며, 기존
제도들은 백인의 우월성을 지속적으로 전제하고 있다고 주장
한다.[14] 그러나 그런 사실이나 계약 자체의 본성이 현재까지 흐
르는 인종 불평등의 추동력이 되는 것은 아니다.

자유주의가 불가피하게 신자유주의와 자본주의의 착취적
형태로 이어졌다는 비난은 19세기 후반과 20세기의 역사를 무
시하는 것이다. 이 시기에 노동계급의 소득은 몇 세대에 걸쳐 상
승하였으며, 지니계수로 측정한 소득불평등 정도는 20세기 중
반을 거치며 하락했다. 19세기 후반부터 거의 모든 선진 자유주
의 사회들은 광범위한 사회적 보호 장치와 노동권을 계속적으
로 도입해 왔다. 자유주의는 그 자체로 충분한 정치적 신조는 아
니다. 자유주의는 민주주의와 결합될 필요가 있는데, 이때 시장
경제에 의해 양산된 불평등을 정치적으로 교정할 수 있게 되기
때문이다. 다가올 미래에 그러한 교정이 포괄적인 자유주의 정
치의 틀 안에서 발생하지 않을 것이라고 여길 이유는 없다.

자유주의와 자본주의는 어쨌든 필연적으로 식민주의와 연
결될 수밖에 없었다는 시각은, 복합적 원인을 지닌 사건의 진행
을 하나의 단일한 원인을 가진 이론으로 억지로 단순화하는 기

본적 방법론적 오류를 저지르는 것이다. 노예들이 생산한 설탕과 면화가 영국과 미국의 경제발전에서 역할을 한 건 사실이다. 그러나 왜 서구가 경제발전, 민주적 정부 그리고 군사적 힘에서 세계의 다른 지역과 다른 경로를 밟았는지를 설명하는 방대한 학술적 연구가 존재한다. 여기에는 기후, 지리, 문화, 가족구조, 경제 그리고 순전한 행운 등이 중요한 역할을 차지한다. 식민주의와 인종주의는 왜 동아시아와 같은 비서구 세계의 다른 지역들이 20세기 후반과 21세기 동안 서구와 유사한 발전을 성공적으로 해낼 수 있었는지 설명하지 못한다. 애덤 스미스와 같은 초기 자본주의 이론가들은 자유무역이 경제적으로 훨씬 더 효율적이라는 근거하에, 번영을 위해 거쳐야 하는 경로로서 식민지지배가 필요하다는 주장을 반대했다. 그리고 실제로, 세계 전체는 식민지 제국들이 해체된 이후에 훨씬 더 부유해졌다.

이러한 시각에서 자본주의의 비판가들은 자유주의가 단지 공식적인 방식의 지배를 비공식적인 방식의 지배로 대체했다고 비난했다. 즉 국력의 차이가 많이 나는 국가들 간의 자유무역은 진정으로 자유롭지 않다는 것이다. 19세기 영국 상품들과의 경쟁에 노출되면서 인도의 토착 섬유산업이 황폐해진 사실이 종종 예시로 언급된다. 그러나 우리는 이와 반대의 경우로서 동아시아의 발전을 들여다볼 필요가 있다. 동아시아는 서구를 따라잡을 수 있었고 지금 어떤 영역에서는 서구를 압도적으로 위협하고 있는데, 그렇게 된 것은 바로 동아시아가 자유주의적 세계경제의 조건들을 수용했기 때문이다. 오늘날 거대한 국제적 차원의 개발 산업의 경우, 부유한 나라로부터 가난한 나라로 이전된 자원이 사하라 이남 아프리카 지역 국가들의 예산을 지탱해 왔다. 누군가는 이러한 자유주의적 개발의 노력들이 공공 보건 영역을 제외하고는 궁극적으로 그렇게 성공적이지 않았다고 주장할지 모른다. 그러나 이런 노력들이 벨기에의 왕이었던 레오폴트가 콩고로부터 자원을 수탈하려고 했던 경우와 도덕적으로 동등하다고 말할 수는 없다.

자유주의에 대한 마지막 비판은 자유주의 정체가 권력의 행사에 부과한 견제와 균형의 원칙에 관한 것으로서, 이 원칙이 급진적인 권력과 부의 재분배를 어렵게 한다는 우려에서 비롯된다. 이러한 비난은 어느 정도까지는 타당하다. 중국과 같은 권위주의 국가는 급진적 변화를 급속하게 창출할 수 있었으며, 덩샤오핑이 1978년에 경제를 시장 세력에 개방한 것이 그 예이다. 경제 제도의 근본적인 차원에서 이런 급속한 변화는 미국과 같은 입헌주의 공화국에서 상상하기 어렵다. 현대 진보좌파 일각에서는 카를 슈미트Carl Schmitt의 저작에 대한 관심이 되살아났다. 슈미트는 20세기 전반의 법 이론가로서, 행정 권력의 자유재량적 행사를 선호한 우파의 전통과 연결되어 있던 인물이었다.[15]

그러나 권력에 대한 자유주의적 제한은 일종의 보험 정책과 같다. 견제와 균형은 독재에 의한 권력남용을 방지하기 위한 것이다. 중국에서 입헌적 제약의 결여는 덩샤오핑의 개혁뿐 아니라, 마오쩌둥의 대약진운동과 문화혁명 또한 가능하게 했다.

견제와 균형의 결여는 오늘날 시진핑 치하에서 독재 권력의 집중을 가속화하기도 했다. 미국의 견제와 균형은 오늘날 젊은 진보주의자들이 욕망하는 종류의 개혁 가능성을 제한하긴 하나, 이는 또한 트럼프에 의한 권력남용의 시도로부터 나라를 보호하기도 했다. 자유민주주의의 제도적 규칙을 바꾸는 것은 완벽히 가능한 일인데, 예를 들어 의회에서 긴 연설로 법안 의결을 방해하는 필리버스터를 제거하는 것을 들 수 있다. 나는 다른 곳에서 미국이 일종의 '비토크라시(vetocracy, 거부권 정치)'가 되었다고 주장해 왔는데, 미국의 정치체제 내에 축적된 많은 거부권으로 인해 정치적 결정을 내리기가 극단적으로 어려워졌기 때문이다. 그러나 권력을 전반적으로 제한하지 못하는 상황은 항상 위험한데, 우리가 미래 권력자의 정체성을 미리 알지 못하기 때문이다.

역사적으로 자유주의 사회가 다른 문화들을 식민화했고, 영토 내의 인종 및 민족 집단을 차별했으며, 여성의 사회적 지위를 종속화했다는 것은 엄연한 사실이다. 그러나 인종주의와 가부장제가 자유주의의 본성이라고 말하는 것은 역사적 우연으로 발생한 사실을 본질적 특성으로 왜곡하는 것이다. 스스로를 자유주의자라 칭하는 사람들이 과거에 비자유주의적 아이디어와 정책들을 채택했다는 사실이, 자유주의의 신조가 이들의 실수를 인정하지 못하거나 교정할 수 없다는 것을 의미하지는 않는다.[16] 실제로, 자유주의 자체는 자기 교정을 위한 이론적 정당화를 제공한다. "모든 인간은 평등하게 창조되었다"라는 자유주의 사상은 링컨으로 하여금 미국 남북전쟁 전 노예제의 도덕적 문제를 제기하게 했으며, 이 사상은 또한 미국의 1960년대 민권운동 시기 동안 모든 유색인종들의 시민권을 온전히 확장하는 데 기여했다.

진보주의자들이 제기한 자유주의에 대한 마지막 비난은 계몽주의 시대 이후 자유주의와 계속 밀접하게 연계된 근대의 자연과학적 인지 방식과 관련 있다. 이 영역에서 자유주의에 대한 위협은 오늘날 가장 첨예하며, 따라서 우리는 이제 인식과 의사 표현과 연관된 일련의 제도들에 초점을 두고자 한다.

Liberalism and Its Discontents

6

합리성
비판

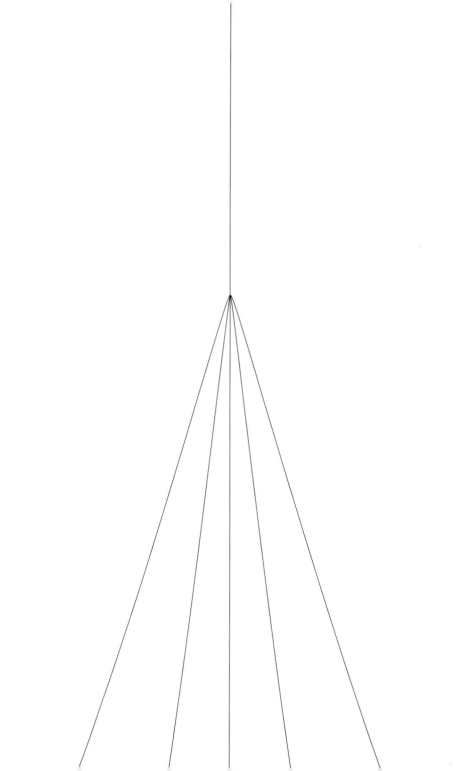

　　　　　　미국에서 정체성 정치와 연관된 비판이
론들은 단지 자유주의의 원칙들만이 아니라 자유주의와 연관
된 담론의 방식들에 대한 비판을 제기해 왔다. 이 담론의 영역
에서 비판이론들은 가장 분명한 효과를 거두었다. 이 비판의 가
장 극단적인 유형들은 자유주의의 이상으로서 합리적 담론의
가능성을 총체적으로 부인한다. 이러한 사상의 흐름은 구조주
의에서부터 후기구조주의, 탈근대주의postmodernism, 그리고 궁
극적으로 다양한 형태의 현대 비판이론으로 이어진다. 지난 장
에서 다룬 자유주의에 대한 비판적 입장들과 같이, 자유주의 담
론에 대한 근본적 비판은 많은 정확한 관찰에서 시작하지만, 그
러고 나서는 더 이상 지지하기 어려운 극단으로 나아간다. 그
과정에서, 진보좌파에 의해 개척된 상당수 주장들은 우파 포퓰
리스트 세력에까지 흘러 들어갔다. 근대적 소통 기술과 결합되
면서 이러한 비판은 우리를 인식의 황무지, 즉 피터 포메란체
프Peter Pomerantsev의 말에 따르면 "아무것도 사실이 아니고 모든
것이 가능한" 곳에 이르게 한다.[01]

근대 자유주의는 초기 시작부터 근대 자연과학의 독특한 인지 방식과 강력하게 결합되어 있었다. 이 인지 방식은 인간의 마음 외부에 객관적 현실이 존재하는데, 인간존재는 이를 점진적으로 이해할 수 있으며 마침내 조작할 수 있게 된다고 가정한다. 이러한 접근 방식의 원천은 철학자 르네 데카르트René Descartes로서, 그는 외부 현실의 존재에 관해 가장 급진적으로 상상 가능한 회의주의에서 시작하여, 점차 현실을 포착할 수 있는 하나의 구조적 체계를 향한 길로 나아갔다. 그러한 외부 객관적 현실의 포착은 프랜시스 베이컨Francis Bacon에 의한 경험적 관찰과 실험 기법에 기반을 두게 되었는데, 이 기법은 연관된 사건들에 대한 관찰을 통제하여 인과관계를 수립하고자 했다. 이것이 바로 근대 자연과학이 기초하고 있으며, 오늘날 세계 모든 기초 동세 과목에서 가르치는 방법이다. 그래서 자유주의는 과학과 기술을 통해 자연을 통제하고, 이를 활용해 주어진 세상을 인간의 목적에 맞도록 바꾸려는 기획과 강하게 연결되어 있었다.

근대 민주주의는 깊은 인식적 차원의 위기에 직면하고 있다. 사회학자 막스 베버Max Weber는 사실을 가치로부터 구분하고, 합리성은 오직 사실만 결정할 수 있다고 주장했다. 우리는 "인간의 배아가 유아와 도덕적으로 동등하다"와 같은 언급에 동의할 수 없을지도 모르나, "지금 밖에 비가 내리고 있다"와 같은 언급의 진실 혹은 거짓에 대해서는 동의할 수 있을 것이다. 지금까지 긴 시간 동안, 근대사회는 모든 가치체계가 본질적으로 주관적이라고 주장하는 도덕적 상대주의를 받아들여 왔다. 근대 자유주의는 사실상 사람들의 삶의 궁극적 목적이나 선에 대한 이해가 일치하지 않을 것이라는 전제 위에 성립되었다. 그러나 탈근대주의는 우리를 도덕적 상대주의를 넘어 사실적인 관찰조차 주관적인 것으로 간주하는 인식론적 혹은 인지적 상대주의로 나아가게 했다.

조너선 라우시Jonathan Rauch는 자유주의적 계몽주의로부터 나오는 사실적 진리에 대한 접근은 두 가지 원칙을 고수하는 사회적 체계에 의지한다고 강조한다. 첫 번째는 아무도 최종적 판단을 내릴 수 없다는 것이고, 두 번째는 지식은 화자의 권위가 아니라 경험적 증거에 기초해야 한다는 것이다.[02] 이 두 가지 원칙에 대해 우리는 일군의 기술들을 첨가할 필요가 있는데, 카를 포퍼Karl Popper식으로라면 이 기술들은 귀납적 추론을 통해 경험적 명제들을 입증하거나 단순한 관찰을 통해 그 명제들이 틀렸음을 증명하고자 한다. 이러한 기술들은 통칭해서 과학적 방법이라고 알려져 있다. 외부 세계에 대한 지식이란 그런 방법들을 적용함으로써 축적되는 사회적 과정이다. 그 과정은 열린 결말의 과정이며, 그 결론은 결코 확률적 진실 이상의 무언가가 될 수 없다. 그러나 이는 주관적 의식 너머의 세계가 어떻게 작동하는가에 관한 우리의 믿음 중 일부가 다른 것들보다 더욱 잘 수립될 수 없다는 의미는 아니다.[03]

과학적 방법의 등장은 확고하게 자리 잡고 있던 종교에 대항하기 위한 자유주의의 투쟁에서 중대한 의미를 갖는다. 자유주의적 계몽주의는 스스로를 미신과 몽매를 극복한 인간 이성의 승리로서 이해했다. 신적 계시로부터 벗어나는 상황에서 다양한 종류의 대안적 인식을 제시하는 전근대적 방식들이 존재했는데, 자연의 숨겨진 표지나 상징을 읽어 낸다든지 혹은 인간의 내적 의식을 탐구한다든지 하는 것 등이 이에 해당한다.[04] 근대 자연과학은 반복되는 결과들을 산출했기에 궁극적으로 이러한 대안적 접근들을 물리칠 수 있었다. 자연을 조작함으로써 근대 경제 세계가 열렸고, 여기서 기술 발전을 통한 지속적 성장은 당연시될 수 있었다. 보건에 대한 과학적 접근법들은 수명을 대폭 늘렸다. 나아가 기술은 국가들에게 방위나 정복에 활용할 수 있는 엄청난 군사적 이점들을 부여했다. 바꾸어 말하자면 근대과학은 권력과 강력하게 연계되어 있었는데, 이는 아마도 1945년 8월 히로시마에 터진 원자폭탄의 버섯구름에 의해 가장 효과적으로 상징화될 수 있을 것이다.

근대 자연과학이 기존 권력구조와 그렇게도 친밀하게 연결되었기 때문에, 이 연결성은 과연 과학의 지배가 정당화될 수 있는지, 혹은 실제로 인간의 참된 번영에 기여할 수 있는지에 대해 질문을 던지며 장기간에 걸친 비판을 야기했다.

근대 자연과학에 대한 비판으로 이어지는 경로는 전혀 그럴듯하지 않은 곳에서 시작되었는데, 19세기 후반 무렵 스위스의 언어학자인 페르디낭 드 소쉬르Ferdinand de Saussure의 저작이 바로 그 출발점이다. 소쉬르는 단어들이 반드시 화자의 의식 너머 객관적 현실을 지칭하진 않는다고 주장했다. 오히려 단어들은 의미를 전달하는 **시니피앙**(signifier, 기표)과 전달되는 의미로서 **시니피에**(signified, 기의)의 이중적 관계로 묶여 있는데, 여기서 발화행위 자체는 외부 세계가 수용되는 방식을 구성하는 역할을 한다는 것이다.[05] 기표들은 하나의 체계 내부에서 서로 얽히면서 언어를 사용하는 사람의 의식을 반영하고, 이에 따라 문화적으로 차이를 나타낸다.

소쉬르의 아이디어는 일군의 프랑스 저자들에 의해 1960년대와 1970년대 동안 확산되었는데, 이에는 정신분석학자 자크 라캉Jacques Lacan, 문예비평가 롤랑 바르트Roland Barthes, 그리고 **철학 저술가** 자크 데리다Jacques Derrida가 있다. 그들이 소쉬르로부터 취한 것은 급진적인 주관성의 관념이었다. 우리가 지각한다고 생각하는 외부 세계는 실제로 우리가 그것에 대해 얘기할 때 사용하는 말들에 의해 창조된다. 비록 데리다는 소쉬르를 비판했지만, 그가 고취한 해체주의는 모든 저자가 그들이 속한 사회적 구조를 반영하는 데 무의식적으로 공모하고 있음을 증명하고자 했다.[06] 해체주의에 따르면 당신은 저자의 의미나 지혜를 추출하기 위해 셰익스피어나 괴테를 읽는 것이 아니다. 오히려 당신이 드러내는 것은 저자 자신이 어떻게 그만의 의도를 무심코 보여 주는지 혹은 당대의 부정의한 권력관계를 반영했는가이다. 소쉬르와 그의 저작에서 비롯된 구조주의는 모든 언어의 본질적 주관성에 관한 일반화를 시도하지 않았다. 그러나 해체주의는 달랐다. 이 신조는 서구의 정전들canon, 즉 호메로스와 히브리어 성경에서부터 마르크스와 프로이트에 이르기까지 미

국과 유럽에서 수많은 서구 문명에 관한 수업들의 기초가 되어
온 일군의 근본적인 저작들을 공격하는 데 지적 정당성을 제공
했다.

　이러한 해체주의적 접근법의 선구자는 프리드리히 니체
Friedrich Nietzsche로서, 그는 "사실은 존재하지 않고, 오직 해석만
이 존재한다"라고 주장했다. 그러나 이런 관점의 사유를 체계화
하면서 이후의 사상 조류에 가장 강력하게 영향을 준 사상가는
미셸 푸코Michel Foucault였다. 일련의 뛰어난 저작에서 푸코가 주
장한 내용은 근대 자연과학의 언어가 권력의 행사를 감추기 위
해 활용되었다는 것이다. 광기와 정신적 질환의 규정, 특정한
유형의 행태를 처벌하기 위한 감옥의 활용, 성적 일탈과 여타
관행에 대한 의학적 범주화는 주어진 현실에 관한 중립적이고
경험적인 관찰에 기초하지 않았다. 오히려, 이런 것들은 다른
계급의 사람들을 종속시키고 통제하길 원했던 더욱 광범위한
권력구조의 이해관계를 반영했다.[07] 근대 자연과학에서 객관적
이라 믿어지는 언어들은 이러한 이해관계들을 권력자의 영향
을 감추는 방식으로 암호화했다. 사람들은 이에 의해 무의식적
으로 특정한 아이디어들과 그 배후에 있는 집단들의 지배를 긍
정하는 방향으로 조종되었다.

　푸코와 함께 해체주의는 탈근대주의로 진화했다. 탈근대주
의는 수 세기 동안 고전적 자유주의와 강하게 연합되어 온 인지
방식들에 대해 더욱 일반화된 비판을 제시했다. 탈근대주의의
비판적 관점은 1980년대 이후 계속해서 미국 학계에서 확산되

었던 서로 다른 종류의 비판이론들로 쉽게 흡수되었고, 당대의 인종적이고 젠더화된 권력구조들을 공격하는 방법으로 사용되었다. 에드워드 사이드Edward Said의 1978년 저작 『오리엔탈리즘Orientalism』은 푸코의 권력이론과 언어를 명시적으로 사용해 기존의 지배적인 교차문화연구cross-cultural studies에 대한 학술적 접근법들을 공격했으며, 이후 탈식민주의 이론가들이 지식 생산자의 정체성에 의해 절대화된 '객관적' 지식의 가능성을 부인하는 데 기초 작업을 제공했다.[08] 미국은 인종적 위계와 부정의가 거의 모든 제도에 침투할 수밖에 없었던 긴 역사를 가지고 있었고, 탈근대주의는 이런 이슈들을 이해하기 위한 이미 준비된 틀을 제공했다. 언어와 언어가 암호화한 권력관계는 이러한 비판의 주요 문제로 남아 있다. 예를 들어 '미국적American'이라는 형용사는 일반적 의미에서 그 주체의 인종, 젠더와 문화적 편향성에 관한 수많은 가정들로 채워져 있다. 젠더 대명사[그, 그녀]를 둘러싼 현대적 논쟁들은 언어가 미묘하게, 종종 무의식적으로 권력관계를 강제하는 방식에 민감한 정체성 집단들이 가장 최근에 보여 주는 모습일 뿐이다.

그래서 푸코가 언어를 객관적 지식에 이르는 중립적인 경로가 아닌 권력의 도구로 이해한다는 사실은, 그의 사상을 수용했던 사람 중 일부가 말의 단순한 표현에 대해 느끼는 극단적 민감성을 어느 정도 설명한다. 오늘날 많은 대학과 선도적 문화기관 들에서 사람들은 단지 특정한 단어들의 사용이 말로든 글로든 간에 폭력을 구성하고, '안전하지 않게' 느끼게 만들며, 트라우마 수준의 스트레스를 겪게 만든다고 불평한다. 실제 폭력을 경험해 본 누군가는 얼굴에 가격을 당하는 일과 어떤 불편한 단어들이 또렷이 발음되는 것을 듣는 일 사이에는 엄연한 차이가 있다는 사실을 알 것이다. 그러나 푸코의 논리는 말 자체가 권력의 표현이며, 그 권력은 사람들을 물리적으로 안전하지 않게 느끼도록 만든다고 주장한다.

자유주의 기획의 핵심에는 인간의 평등성에 대한 가정이 있다. 우리 각자가 가진 관습과 축적된 문화적 관점으로부터 벗어날 때, 모든 인간존재가 공유하고 서로 인정할 수 있는 기본적인 도덕적 중심이 존재한다는 것이다. 이러한 상호인정이 민주적 심의와 선택을 가능하게 한다.

이러한 근본적인 아이디어는 정체성의 복잡성에 대한 인식이 높아지면서 공격받았다. 개인들은 자유주의이론의 자율적 행위자가 아니다. 그들은 통제할 수 없는 더 넓은 사회적 세력들에 의해 주조된다. 서로 다른 집단들, 특히 주류사회에 의해 소외된 사람들의 '살아 있는 경험들'은 주류에 속한 사람들에 의해 지각되기 어렵고, 다른 삶의 역사를 가진 타자들에게 공유될 수 없다. 교차성intersectionality은 다양한 형태의 주변화marginalization가 존재하고 있으며, 그들 간의 교차가 새로운 형태의 편견과 부정의를 창출한다는 사실을 인정하는 개념이다. 이것은 더 큰 집단이 아니라 우선적으로 그러한 교차 상황 속에 실제 처해 있는 사람들에 의해서만 이해되는 무언가이다.[09] 더욱 넓은 시각에서 보면, 세계에 대한 지식은 어떤 관찰자들이 단순히 취사선택해서 활용할 수 있는 일련의 경험적인 사실들이 아니다. 지식은 삶의 경험들 속에 이미 내재해 있다. 앎의 과정은 하나의 추상적인 인지 행위가 아니라 실행하고, 행동하며, 그 행동의 영향을 받는 것과 밀접하게 얽혀 있다.

이러한 많은 비판적 관점의 아이디어들을 단순히 기각하는 것은 불가능하다. 이들은 함부로 의심하기 어려운 진실을 담은 관찰로부터 시작하기 때문이다. 중립적이고, 과학적으로 타당한 결론이라고 제시된 아이디어들은 실제로 그것들을 표현하는 사람들의 이익과 권력을 반영한다.

예를 들어, 진화생물학자 조지프 헨릭Joseph Henrich은 인간 행태를 연구하는 사회과학자들이 그가 위어드WEIRD 인간형이라고 부르는, 즉 서구에서Western, 교육받고educated, 산업화되고 industrialized, 부유하며rich, 민주적democratic 특성을 지닌 사람들을 어떻게 전형적 사례들로 활용해 왔는지에 관해 기술했다. 헨릭은 사회과학 연구들이 보편적 인간 특성을 설명하려 한다는 취지를 밝혀 왔으나 사실상 혈연, 개인주의, 의무 그리고 정부와 같은 이슈들에 대해 문화적으로 이미 결정된 행태와 태도를 반영한다고 주장한다. 하지만 더욱 포괄적 시각에서 세계에 나타난 인간 행태를 살펴보면, 위어드 인간형은 오히려 예외적인 사례들로 드러난다.[10]

유사하게, 신자유주의 경제학의 총체적 기획은 스스로에 대해 설명할 때 과학적인 방법을 경제학 연구에 중립적으로 적용하는 것이라고 제시해 왔다. 그러나 이 학문 또한 그 이면의 사회적 권력관계, 특히 앞선 장에서 묘사된 바와 같은 신자유주의적 흐름 속에 있는 사회를 반영해 왔다. 사회과학자들 중에서 경제학자들은 가장 멀리 나아가, 추상적인 모델로 이론의 공식화를 시도하고, 이를 검증하기 위한 엄격한 경험적 방법론을 개발했다. 이들은 종종 '물리학에 대한 시기심physics envy'을 겪는 특징이 있는데, 자기들의 과학이 가장 추상적이고 수학화된 자연과학과 동등한 위치에 서기를 희망하기 때문이다.

이러한 희망은 경제학이 권력과 돈의 유혹에 빠져드는 것을 막지 못했다. 규제완화, 재산권에 대한 엄격한 방어, 그리고 민영화는 부유한 기업들과 개인들에 의해 추진되었는데, 그들은 연구 기관들을 설립하고 유명 경제학자들을 고용해 그들과 사적 이해관계에 있는 정책들을 정당화하는 학술논문을 쓰게 했다. 경제학자들 대다수가, 비록 어떤 상황 속에서는 그럴 수도 있지만, 철저히 부패했다고 비난하려는 것이 아니다. 오히려 이는 소위 '지성의 포획intellectual capture'이라 불리는 문제에 대한 것이다. 당신이 특정한 방식으로 훈련을 받고 당신의 모든 동료가 같은 종류의 믿음을 받아들일 때, 당신 또한 온전한 진실성 속에서 그러한 인식의 틀을 수용하고 승인하는 경향을 보이게 된다. 이러한 입장들을 방어하면서 자문비를 받고 좋은 휴양지에서 열리는 콘퍼런스에 초대되는 것이 그리 나쁜 일은 아니었을 것이다.

이에 따라 고전적 자유주의와 연계된 근대 자연과학과 그 인지적 접근 방식에 대한 많은 비판들이 정당화되었다. 그러나 비판이론의 많은 유형은 과학적 방법의 특정한 오용 사례들에 대한 공격을 훨씬 넘어, 계몽주의 시대 이후 진화해 온 과학에 대한 광범위한 비판으로까지 나아갔다. 이들은 자유주의의 근간을 이루는 인간의 보편성에 대한 탐구는 단지 권력의 행사로서, 인종주의와 가부장제를 내포하고 있으며 세계에 특정 문명의 아이디어를 강요하려 했다고 주장했다. 이들의 시각에서는 누구라도 그들이 태어난 정체성을 벗어나거나 서로 다른 정체성 집단들을 가로질러 더 높은 관점을 가정하는 것이 불가능했다. 예를 들어, 페미니스트 작가 뤼스 이리가레Luce Irigaray는 물리학에서 고체역학은 남성적으로 세상을 바라보는 방식인 반면, 유체역학은 여성적이라고 주장했다.[11] 사려 깊은 관찰과 숙고를 통해 외부 세계에 대한 증대된 지식을 축적하려는 포부 대신에, 비판이론은 살아 있는 경험과 감정에 뿌리내린 급진적 주관주의radical subjectivism를 내세웠던 것이다.

　　푸코의 과학 비판에 내재된 사유 또한 이와 공모하는 요소를 담고 있다. 그는 권력의 본성이 근대 세계에서 변화되어 왔다고 주장했다. 이전에 권력은 군주가 공개적으로 행사하는 것으로서, 군주는 명령에 복종하지 않는 백성 누구에게든 처형을 명할 수 있었다. 근대 권력은 보다 은밀한 방식으로 행사되었다. 사회적 삶을 규제하고 언급하는 데 사용되는 제도와 언어를 구조화하는 방식인데, 푸코는 이를 '생명권력biopower'이라 칭했다.[12] 푸코는 후기 저작들에서 권력이 거의 모든 행위들에 만연해 있다고 주장했는데, 비판가들에 의하면 이런 주장은 푸코의 개념이 지닌 그 어떤 현실 설명력도 박탈할 정도로 너무도 광범 위했다.[13] 그럼에도 불구하고 이런 관점은 이후의 비판이론가 들이 소위 객관적인 과학이 실제로는 어떻게 백인종 유럽인, 남성, '이성애 규범을 따르는' 사람들 같은 특정한 기득권 집단들 의 이익에 봉사했는지를 설명하기 위해 활용할 수 있는 논쟁점 을 제공했다.

    탈근대주의 그리고 그 비판이론의 후예들은 장기간 존재하 면서, 비판을 받고 사실상 조롱거리가 되기도 했다. 라캉과 데 리다 같은 탈구조주의자들에서부터 시작해서 이 분야의 상당수 사람들은 의도적으로 그들의 사상을 모호하게 만들어서 모순과 허약한 논리를 해명할 책임으로부터 자신들을 방어하는 것처럼 보이게 글을 썼다.[14] 이는 특정한 학술 분과에 국한된 난해한 선 입견으로 보이기도 했지만, 오늘날까지 진보주의자들이 세상 을 해석할 수 있는 틀을 계속 제공하고 있다. 2020년 5월 조지 플로이드George Floyd 살해 사건은 충분히 정당화될 수 있는 거대 한 분노를 야기했고, 경찰 폭력에 대한 항거는 미국 전역에 걸 쳐 일어났다. 이는 또한 과거 비판들에 관한 많은 반향을 담은 반인종주의 문헌들을 낳았다.[15] 이러한 문헌들에서 인종주의는 개인의 특성으로 보이거나 해결되어야 할 정책적 문제로 보이 지 않는다. 오히려 여기서 인종주의는 모든 미국의 제도와 의식 에 만연한 하나의 조건으로 언급된다. 푸코의 생명권력과 같이, 인종주의는 백인종 우월주의의 기본적 권력구조를 반영하고, 백인의 우월성은 언어에 내재되어 심지어는 스스로를 반인종주의자라고 여기는 진보적 사람들 사이에서도 감추어져 있다.

자유주의 그리고 이와 연계된 인식 방법에 관한 탈근대주의의 비판은 이제 우파 쪽으로 흘러들었다. 오늘날 백인 민족주의자 집단들은 자신들을 하나의 궁지에 몰린 정체성 그룹으로 간주하고 있다. 코로나19가 확산되는 동안, 세계의 더욱 광범위한 보수주의자 집단들은 비판이론과 좌파들이 개척한 근대 자연과학에 대한 음모론적 비판을 똑같이 활용했다. 그들은 푸코의 '생명권력' 개념에 대한 거울 이미지 같은 것을 내놓으며, 공중보건 인프라에서 사회적 거리두기, 마스크 쓰기 그리고 일시 폐쇄 등을 추진하는 것이 '객관적' 과학을 반영하지 않고 오히려 숨겨진 정치적 의도에 의해 추동되었다고 주장했다.[16] 우파 비판자들의 주장은 여기서 더 나아가, 과학자들 일반의 신뢰성과 과학을 활용한 제도들에 대한 믿음을 무너뜨리고자 했다. 트럼프에서부터 그를 따르는 보수주의자들이 자신들이 저주하는 탈근대주의 이론을 한 글자라도 읽었을 가능성은 매우 희박하지만, 이 운동에 이끌린 앤드루 브라이트바트Andrew Breitbart와 피터 티엘Peter Thiel 같은 다수 지식인들은 그렇게 했다. 그들은 그저 기득권에 대한 비판에서 시작된 좌파 이론을 학계와 주류 미디어와 같은 소위 중립적인 기관들을 장악한 현대 진보주의자들을 공격하는 데 적용했다.[17]

고전적 자유주의 그리고 이와 연계된 인지 방식을 전복하고자 하는 진보주의 정체성 집단들의 시도는 그런 노력이 자유주의 제도하에서 역사적으로 소외된 집단들에게 혜택을 줄 것이라는 전제 위에서 수행되었다. 그럼으로써 소외된 집단들은 자유주의가 약속했지만 결코 지키지는 못했던 방식으로 존엄성과 평등한 인정을 수여받을 것이었다.

이러한 시각에서 보면 니체는 자유주의적 합리성의 지배적 지위를 박탈함으로써 예상되는 효과에 관해서, 그를 추종하는 21세기 초반의 비판이론가들보다 훨씬 더 솔직하고 예리한 선지자였다. 그는 근대 자유주의가 궁극적으로 기독교적 도덕성에 의해 뒷받침되는 가정들의 구조 위에 서 있다고 주장했다. 기독교적 신은 한때 살아 있었지만, 이제 신은 죽었고 평등의 가치를 포함한 모든 가치들의 변화를 향한 문이 열렸다. 니체는 기독교를 노예 종교로 묘사하고, 이것에 의해 강제로 유순하게 길들여져 왔던 '금발의 야수blond beast'를 칭송했다. 약한 자가 강한 자와 같은 대우를 받아야 한다는 원칙은 강한 자가 약한 자를 다스려야 한다는 원칙보다 더 타당한 것이 아니었다. 사실상 가치의 유일한 보편적 척도로 남아 있는 것은 힘이며, '힘에의 의지will to power'가 모든 인간 활동을 관통해 흐르고 있다. 이를 탈근대주의자들의 용어로 바꾸어, 만약 푸코가 과학적 방법이 숨겨진 엘리트들의 권력과 이해관계를 체계화한다고 주장한다면, 이제 우리는 푸코 자신을 추동하는 숨겨진 권력 의도가 무엇인지를 물어야만 한다. 힘 이외에 그 어떤 참된 보편적 가치가 존재하지 않는다면, 왜 인간은 어떤 소외된 집단에 힘을 북돋는 것을, 즉 단지 어떤 표출을 다른 표출로 대체하는 것에 불과한 일을 받아들여야 하는가?

　　이러한 의심이 바로 오늘날 미국에서 극단주의 우파 집단들이 취해 왔던 입장으로, 이들은 자신들이 유색인종들에 의해 '대체될' 것이라는 두려움의 목소리를 공공연하게 표출한다. 이는 크게 과장된 두려움에 불과하나, 만약 우리가 인종, 민족 혹은 젠더에 상관없이 더욱 광범위한 자유주의적 정체성에 평등하게 참여할 수 있다는 자유주의적 가정을 버린다면, 충분히 가능한 상황이다. 이 극단주의 집단들은 자유주의 질서를 보존하기 위해 싸우는 것이 아니라, 다른 인종 집단들과의 제로섬 투쟁에서 그들의 힘을 보존하기 위해 싸우고 있는 것이다.

　　자유주의 사회들이 삶의 궁극적 목적에 대해 서로 일치하지 않는다는 것에 모두 동의한다 해도, 그들이 만약 사실적 진리의 위계마저 수립할 수 없다면 이 사회의 존립은 보장받기 어렵다. 이 위계는 정치적 권력을 차지하고 있는 자들로부터 독립하여 행동하는 다양한 종류의 엘리트들에 의해 창조된다. 미국 법원들은 사실과 법에 관해 선의의 근거를 갖지 않은 문서들을 폐기하도록 허용하고 있고, 그들에게 거짓말을 한 변호사들을 제재할 수 있다. 과학 학술지들은 동료 연구자의 검토를 받지 않은 연구를 출판하지 않으며, 연구가 조작되거나 허술한 근거에 기초하고 있음이 드러날 경우 이를 취소한다. 책임 있는 기자들은 사실 검토를 위한 체계를 가지고 있고, 독립적 미디어 기관들은 오류이거나 호도된 것으로 검증된 기사는 철회한다. 이러한 체계 중 그 어떤 것도 확실하지 않으며 모두 편향될 수도 있다. 그러나 이 체계들은 자신들을 무력화시키거나 혹은 일반인들을 통제하기 위해 감시하는 엘리트들에 의해 의도적으로 조종당하지 않는다.

근대 정체성 정치에는 두 가지 유형이 존재한다. 하나는 정체성으로의 추동이 자유주의 정치의 완성으로 보는 입장이다. 역사적으로 지배엘리트들은 소외된 집단들이 벌인 특정한 투쟁의 진가를 인정하는 데 실패했고, 그러므로 그들이 기본적으로 지닌 공통의 인간성을 인정하지도 못했다. 이런 형태의 정체성 정치의 목적은, 기본적 인간성의 공유라는 자유주의적 가정 하에서 역설적으로 소외된 집단 구성원들을 받아들이고 개인들로서 평등한 대우를 받도록 하는 것이다.

나머지 유형의 정체성 정치는 서로 다른 집단들의 살아 있는 경험들을 근본적으로 단순 비교하기 어렵다고 보는 입장이다. 이 시각은 보편적으로 타당한 인지 방식의 가능성을 부정한다. 그리고 집단적 경험의 가치를 다양한 개인들이 공통으로 갖는 경험에 비해 높게 평가한다. 결국 이러한 정체성 이해는 일반적으로 우파에 더욱 가까운 역사적 민족주의와 자연스레 결합된다. 민족주의는 19세기 초반에 자유주의의 보편화 요구에 대한 반작용으로 등장했다. 민족주의자들은 각 민족이 자신만의 역사와 문화적 전통을 지니고 있으며, 이러한 역사적 전통과 문화를 보존하고 소중히 다룰 필요가 있다고 주장했다. 이러한 입장은 사람들을 무정형의 개인들로 인식하는 자유주의적 정치에 대항했다. 예를 들어 독일 낭만주의자들은 영국 자유주의자들의 과학적이고 경험적인 접근법을 공격하고, 진리는 느낌과 직관을 배경으로 구성된다는 관점을 제시했다.

이러한 모든 논의가 제시하는 것은 정체성 정치가 잘못되었다는 것이 아니라, 정체성 정치의 목표에 관한 자유주의적 해석을 재고찰해야 한다는 말이다. 보편적인 인간 평등을 전제로 하는 자유주의가 정체성 집단들이 권리를 위해 투쟁하는 틀이 되어야 한다.

7

기술, 사생활 그리고
의사 표현의 자유

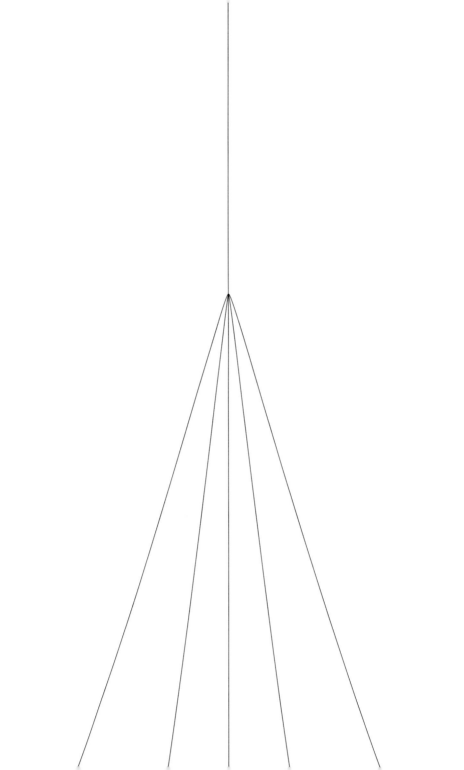

고전적 자유주의의 근본적 원칙들 중 하나는 의사 표현의 자유freedom of speech를 보호하는 것이다. 이는 미국의 권리장전으로서 수정헌법 제1조에 명시되어 있으며, 세계인권선언 및 많은 자유민주주의 체제의 기본법으로서 신성시되고 있다. 의사 표현은 사유와 선택의 핵심으로서 내재적인 도덕적 가치를 가지고 있으며, 다른 종은 수행할 수 없는 인간만의 복잡한 의사소통을 가능하게 하는 실천적인 가치 또한 지니고 있다. 의사 표현은 제도 창출에 필수적이며 시간을 가로질러 거대한 규모의 조율과 협조를 가능하게 한다. 의사 표현의 자유는 생각할 수 있는 자유를 의미하며, 자유주의 질서가 지키고자 하는 모든 다른 자유들의 기초가 된다.

자유주의에 대한 더욱 포괄적인 공격의 일환으로서, 의사 표현의 자유는 우파와 좌파 모두에게 논쟁거리가 되어 왔다. 그것은 또한 기술 영역에서의 변화를 통해 제공되는, 새롭지만 검증되지 않은 채널들에서 이루어지는 사회적 소통 방식에 의해 심각하게 도전받아 왔다.

자유주의 사회에서 의사 표현의 자유를 지탱하는 두 가지 규범 원칙들이 존재한다. 첫 번째는 의사 표현을 압도하는 권력의 인위적인 집중을 피해야 할 필요성과 관련된다. 두 번째는 덜 명확하지만 동등한 수준에서 필수적인 것으로서, 정부와 시민들이 사회의 각 구성원들을 둘러싼 사생활의 영역을 존중할 필요성과 연관 있다. 이 사생활의 영역은 유럽의 경우처럼 근본적인 법적 권리로서 규정될 수는 있으나, 정당화될 수 있는 하나의 권리라기보다는 하나의 규범 차원에서 더욱 잘 이해될 수 있다. 사생활은 시민들의 사적 행태에 영향을 주고 관용이라는 미덕의 확장된 형태 중 하나로 간주될 수 있기 때문이다. 이 두 가지 원칙 모두 우리가 현재 소통하는 방식의 기술적 변화뿐만 아니라, 정치적 양극화와 같은 사회적 변화에 의해서도 위협받아 왔다.

의사 표현을 압도하는 권력은 오늘날 몇 가지 방식으로 집중되어 왔다. 첫 번째는 권위주의 정부 혹은 잠재적 권위주의자들이 의사 표현을 독점하거나 통제하려고 시도하는 걸치레 민주주의 국가들에서 나타나는 오래된 방식이다. 고전적 자유주의는 이러한 종류의 국가권력을 매우 불신하는데, 실제로 모든 권위주의 정체는 대개 의사 표현을 첫 번째 공격 대상으로 삼는다. 현재 중국 공산당은 전통적 대중매체와 인터넷에 대한 통제를 그 어느 때보다 강화하고 있다. 러시아의 푸틴은 모든 주요 미디어 채널들을 그와 그를 따르는 일당의 통제하에 둔다. 인터넷은 일상생활에 전방위적으로 확산된 추적 및 감지장치들을 통해 전에는 꿈도 꾸지 못한 수준에서 감시가 가능해졌다. 중국의 사회적 신용 체계는 기존 감시 체제를 거대한 스케일의 데이터 검색과 인공지능과 결합해, 정부가 시민들의 사상과 행태를 크고 작은 수준에서 계속 지켜볼 수 있게 했다.

　　두 번째 위협은 정부로부터가 아니라 전통적 대중매체와 소통 체제들에 대한 **사적** 통제로부터 나오는데, 이러한 방식은 이탈리아의 전 수상 실비오 베를루스코니Silvio Berlusconi에 의해 처음 실행되었다. 베를루스코니는 신문, 출판 그리고 방송에서 광범위한 지분을 차지했던 거대한 미디어 제국, 메디아셋Mediaset을 소유함으로써 부유한 과두정적 지도자가 되었다. 이런 미디어 통제로 베를루스코니는 당연히 스스로 유명인사가 되었고, 이를 이용해 1990년대 초, 제2차 세계대전 이후 이탈리아의 정치 질서가 사회주의정당과 기독교민주당의 쇠퇴와 함께 몰락하던 무렵 수상의 자리까지 올랐다. 일단 권좌에 오르자, 베를루스코니는 그의 새로운 정치적 영향력을 자신의 사업적 이해관계를 지키고 스스로를 형사책임으로부터 방어하는 데 이용할 수 있었다.

　　미디어와 정치권력을 결합하는 베를루스코니의 성공 사례는 이후 널리 모방되어 왔다. 푸틴의 경우 본인은 미디어계의 거물이 아니었지만, 일찍이 사적 미디어 채널들을 그 자신 아니면 그의 일당들의 통제하에 두는 것이 중요함을 인식했다. 그 과정에서 개인적으로 푸틴은 세계적인 수준이 아니라면 적어도 러시아에서 가장 부유한 사람 중 하나가 되었다. 헝가리의 오르반과 튀르키예의 에르도안도 마찬가지로 정치권력과 가족의 부를 공고화하기 위해 미디어 채널에 대한 사적 통제를 이용했다. 1990년대 초에 인터넷이 등장하면서 전통적 미디어들은 투자처로서 매력을 잃게 되었다. 지역 과두정 세력들은 많은 전통적인 미디어의 소유권을 차지했는데, 그들은 이를 매력적인 신규 사업 대상이라기보다 정치로 향하는 경로로 보았다.[01] 전통적 미디어에 대한 과두정적 통제가 가장 심화된 나라는 우크라이나로서, 여기서는 거의 모든 주요 라디오와 TV 채널을 과두정 지도자 일곱 명 중 하나가 통제한다.

　의사 표현의 자유에 대한 세 번째 주요 위협은 순전히 인터넷으로 가능해진 의사 표현의 양으로부터 역설적으로 발생한다. 1990년대에 인터넷이 공적인 소통 채널로서 발전되고 있을 때는 그것이 가져올 심오한 민주화 효과에 대한 널리 퍼진 믿음이 있었다. 정보는 권력의 원천이었고, 정보에 대한 접근성이 높아지면 권력이 더욱 널리 확산될 것 같았다. 인터넷으로 모든 사람들이 전통적인 미디어의 문지기들이었던 출판사, 편집자, 미디어기업 그리고 정부를 뛰어넘어 자신만의 출판사가 될 수 있었다. 또한 인터넷으로 대중적인 동원이 가능해졌고, 아랍의 봄 시기에 발생했던 저항운동뿐 아니라 우크라이나, 조지아, 이란에서의 권위주의 혹은 부패한 정체들에 대한 항거가 크게 촉진되었다. 학대와 박해에 고통받던 고립된 개인들이 지리적 제약을 넘어 서로를 발견하게 되었고, 인터넷은 이들을 집합적 행동으로 이끌었다.

그러나 마틴 거리Martin Gurri가 관찰했듯이, 디지털 미디어와 전통적 미디어가 결합된 새로운 정보의 우주는 이전의 접근성 혹은 의미 부여의 수준을 넘어서 더욱 더 많은 정보의 양과 함께 모든 사람을 압도하기 시작했다. 시간이 흐르면서 명백해진 것은 이러한 정보 중 상당수가 낮은 수준이거나, 오류투성이 아니면 특정한 정치적 목적을 달성하기 위해 의도적인 무기로 고안된 내용이라는 사실이었다. 어떤 정보는 개인에게 힘을 부여하기도 했고 이집트의 와일 고님Wael Ghonim처럼 아랍의 독재 정권을 무너뜨리는 데 일조하기도 했지만, 다른 것들은 백신과 부정선거에 대한 잘못된 정보들을 별다른 도움 없이 손쉽게 퍼뜨릴 수 있었다. 이러한 정보 폭증의 축적된 효과는 이전 시기 정보가 흐르던 좁은 채널로서의 위계 체제, 즉 정부, 정치적 정당, 미디어기업 등의 권위를 손상시켰다.[02]

미국 수정헌법 제1조의 고전적인 이론은 이렇게 의사 표현을 좌우하는 권력 집중의 원천들 중 오직 첫 번째 것, 즉 정부의 문제에만 초점을 두고 있었다. 이 이론이 가정했던 것은 국가의 통제가 없어지면 다양한 목소리들이 교환되는 시장이 존재할 것이라는 점과, 시간이 지나면서 민주적 심의 절차 속에서 좋은 정보들이 나쁜 정보들을 밀어낼 것이라는 점이었다. 자유로운 의사 표현에 관한 유럽적인 사유도 유사한 아이디어에 의해 지지되고 있었는데, 그 예로는 위르겐 하버마스Jürgen Habermas가 민주정치 이론에서 우선성을 부여했던 '공론장public sphere'과 같은 개념이 있다. 다른 상품시장에서와 마찬가지로, 아이디어들의 시장은 크고, 탈중심화되고, 경쟁적이라면 최선으로 작동한다는 것이다.

이러한 고전적 이론에는 심각한 문제들이 존재한다. 첫 번째로, 민주적 논쟁의 모든 목소리들이 사실상 서로 평등하지 않다. 과학적 방법론의 '지식 구성constitution of knowledge'은 탈중심화되고 열린 결론을 특성으로 하며, 연구 결과물을 검증하기 위해 그 어떤 단일한 권위의 원천에도 의존하지 않는다. 그러나 이러한 체계에서, 지식은 인과관계를 수립하기 위한 합리적 방법론에 의해 뒷받침된 경험적 관찰에 기초해 축적된다. 합리적 방법론은 그 실제 수행에서 경험적인 엄격성을 지향하는 넓은 의미의 규범적인 선호에 의지한다. 자신의 친척을 대상으로 한 특정한 의학적 처치의 효과에 대한 사례를 인용하는 개인은, 대규모 무작위 선정 표본의 실험 결과를 다루는 과학적 연구와 같은 지위를 가져서는 안 된다. 어떤 정파를 지지하는 블로거가 특정한 정치인이 매우 부패한 사람이라고 주장하는 의견은, 탐사보도 기자가 6개월에 걸쳐 신중하게 그 정치인의 재정 기록을 살펴본 것과 같은 무게를 지녀서는 안 된다. 그러나 인터넷은 이러한 대안적인 시각들이 동등하게 신뢰할 만한 것처럼 보이게 한다.

정보들 간에 내재적인 위계가 존재한다는 생각은 근대 법체계에 깊게 자리 잡고 있다. "합당한 의심을 넘어"(미국 법리학의 표현에 따르면) 형사고소를 당한 사람에게 유죄판결을 내리는 경우에, 항상 법원은 들리는 전문 증거hearsay*의 효과를 제한하려 할 것이다. 예를 들어, 인터넷에서 주장된 내용은 법적으로 수용될 수 있는 증거로 간주되기에는 충분치 않다. 또한 전문 언론은 정보의 출처를 검증하고 투명한 입장에 있을 것을 요구 받으면서 정보의 위계를 집행한다.

이러한 이슈는 거대 인터넷 플랫폼들이 그 어떤 유형의 신중한 정보 검토보다는 정보 콘텐츠의 급속한 확산과 대중적 인기를 불러일으키는 데 치중하는 사업 모델에 따라 작동하고 있기 때문에 민감한 문제가 된다. 성적으로 자극적이고 허황된 이야기들은 이러한 디지털플랫폼들에 의해 빠른 속도로 퍼져 나갈 수 있으며, 그 규모는 과거의 전통적 대중매체들이 감히 따라갈 엄두조차 내지 못하는 수준이다. 네트워크경제(네트워크가 더 클수록 그것을 사용하는 사람들에게 더욱 가치가 높아진다는 사실)는 정보를 분배하거나 억압하는 권력이 두세 개 거대 인터넷 플랫폼의 수중에 집중되는 상황을 보장한다. 근대적 인터넷은 권력을 분산하기보다, 오히려 집중시킨 것이다.

자유주의적 계몽의 기초를 이루는 인간의 인식에 관한 표준적인 모델은 인간존재가 합리적이라고 견지한다. 사람들은 그들 자신의 외부에 있는 경험적 실재를 관찰하고, 이러한 관찰

---

* 역주: 원진술자가 공판기일 또는 심문기일에 행한 진술 이외에, 주장이 진실임을 입증하기 위하여 제출된 증거. 배심재판을 기본으로 하는 영미법에서 엄격한 법리적 증거로 인정되지 않는다.

에 대해 인과적으로 추론하며, 그들이 발전시킨 이론들에 근거해 세상 속에서 활동할 수 있다. 그러나 조너선 하이트Jonathan Haidt와 같은 사회심리학자들은 실제 많은 사람들은 이와는 매우 다른 인지 모델을 따른다고 제시해 왔다.[03] 사람들의 인식은 경험적 현실에 관한 그 어떤 유형의 중립적인 관찰로부터 시작하지 않는다. 오히려 그들은 자신들이 바라는 현실에 대한 강한 선호에서 시작하며, 자기의 중요한 인지적 기술들을 경험적 데이터와 이론들을 고안하는 데 사용한다. 이 경험적 이론들은 '동기화된 추론motivated reasoning'이라 불리는 과정 속에서 그들이 선호하는 현실을 뒷받침한다.

인터넷 플랫폼들은 이 동기화된 추론을 광범위하게 활용해 왔다. 그들은 인터넷 사용자들의 선호와 관련한 데이터를 산더미처럼 소유하고 있는데, 이러한 데이터들은 인터넷 콘텐츠를 선호에 맞게 구성해서 인터넷 사용자들과 플랫폼의 상호작용을 극대화한다. 아무도 인터넷 사용자들에게 이러한 방식으로 행동하라고 강요하지 않는다. 그들은 마치 자발적 선택을 하는 것처럼 보이나, 이는 실제로 플랫폼의 입장에서 보면 인터넷 무대 이면에서의 정교한 조작에 기초한 것이다. 인터넷 플랫폼들은 새롭고 다양한 정보가 검토되고, 소화되고, 심의되는 사회적 과정에 기여하기보다, 기존의 믿음과 선호를 강화하는 경향이 있다. 이러한 경향성은 어떤 정치적 동기에서 직접적으로 기인한 것이 아니라 상업적 이해타산에 따른 것이며, 이 과정에서 민주적 심의의 적절한 기능이 손상된다.

자유주의 사회에서 의사 표현을 다스리는 두 번째 원칙은 정부와 시민들 모두 각 사회 구성원들을 둘러싼 사생활의 영역을 존경할 필요성이다. 유럽에서 사생활은 많은 국가들의 기본 법률의 조항으로서 삽입되어 왔고 유럽연합 전체에서 근본적인 권리로서 받아들여진다. 사생활에 대한 존중은 단지 정부와 대기업들에만 해당하는 것이 아니라, 개인들 간에 서로를 대할 때도 적용된다.

사생활 영역의 보호가 자유주의가 작동하는 데 왜 중요한지 대해서는 몇 가지 이유를 들 수 있다. 첫 번째는 자유주의 자체의 본성에서 직접 도출된다. 우리가 자유주의를 다양성을 다스리기 위한 수단으로 이해한다면, 이는 좋은 삶에 대한 실질적인 관점들 사이에 일치된 합의는 존재하지 않으리라는 점을 전제하는 것이다. 이것은 개인들이 자신의 도덕적 수행을 포기해야 한다는 뜻이 아니라, 각자의 도덕적 수행이 오직 자신의 사적 생활에서만 준수되어야 하고 다른 사람들에게 강요되어서는 안 된다는 뜻이다. 자유주의 공화국의 시민들은 관용을 실천할 의무가 있는데, 이것은 다양성을 존중하고 자신만의 깊은 믿음에 타인을 순응시키려는 충동을 억제해야 함을 의미한다. 관심을 기울여야 할 것은 사람들의 공적 인격public persona, 즉 타인을 대하는 행위 방식이지 그들의 내면적인 믿음의 본성이 아니라는 것이다.

다른 사람들의 사생활을 존중해야 한다는 요청은 언뜻 논쟁거리가 되지 않을 것처럼 보이지만, 사생활 존중의 원칙은 종종 다른 원칙들, 예를 들어 개인의 행동은 투명해야 하며 사람들이 자신의 행동에 대해 책임을 져야 한다는 원칙과 충돌한다. 최근 몇 년간, 사회 전반에 걸쳐 더 큰 투명성과 책임성에 대한 엄청난 압력이 존재해 왔다. 이러한 요청은 입법부와 행정기관 같은 공적 제도들에서 시작하였으나, 가톨릭교회와 보이스카우트에서 회사와 비정부 기관에 이르는 민간 조직체들의 지배 방식에까지 확산되고 있다. 투명성이 없다면, 책임성도 있을 수 없다. 부패한 관료들, 권력을 남용하는 리더들, 아동 성 착취물업자들 그리고 성매매업자들은 사생활 비밀 보호의 베일 뒤로 숨을 수 있다. 실제로, 투명성은 많은 사람에 의해서 무조건적인 선으로 간주되며, 그들은 투명성이 항상 높을수록 좋다고 여긴다.

　사생활과 투명성이 어떤 상황에서는 상호 보완적인 선일 수 있지만, 두 가지는 종종 충돌하며 완전히 투명한 혹은 사생활 보호가 필요 없는 자유주의 사회는 존재하지 않는다. 심의와 협상은 완벽히 투명한 세계에서는 존재하지 않는다. 집을 매수하려는 사람은 누구도 최종 가격 흥정에서 부동산 중개인이 매도자와 논의하는 걸 원하지 않는다. 고용과 승진에 관한 논의에서 만약 각 당사자의 솔직한 관점이 후보자를 포함한 모두에게 알려진다면 그 누구도 정직할 수 없다. 여기서 누구나 자유롭게 말하되 신분을 드러내지 않는 소위 '채텀하우스Chatham House 규칙'은 사적인 회합에서 참여자들이 솔직히 얘기하도록 북돋기 위해 요청된다. 미국에서는 연방자문위원회법Federal Advisory

Commission Act과 행정공개법Government in the Sunshine Act과 같은 수많은 법률들이 1970년대에 워터게이트 스캔들 이후에 통과되었다. 하지만 매일 전 시간에 걸쳐 TV를 통해 의회가 생중계되면서, 이렇게 의무화된 투명성 규칙들은 행정부와 입법부 모두에서 심의를 사라지게 했다는 이유로 널리 비난을 받아 왔다.[04]

인터넷의 등장은 전통적 방송미디어와 함께 결합하여 모든 이들의 사생활 영역을 심각하게 침해했다. 이전에는 개인적 대화나 전화를 통해 표현되었을지도 모를 사적인 관점들이 이제는 전자 플랫폼들을 통해 중개되고 있으며, 항구적인 기록으로 남게 된다. 중국에서는 정부가 이러한 데이터에 대한 접근권을 가지고 있어 시민의 행태를 통제하는 데 사용할 수 있다. 민주 국가들에서는 거대 인터넷 플랫폼들이 데이터 접근권을 가지고 있으며, 페이스북(이제는 메타) 같은 회사들은 당신의 가장 사적인 생각과 선호에 관해 알고 있는 것들을 상업적 홍보를 위해 이용한다.

그러나 문제는 거대 인터넷 플랫폼들에서 끝나지 않는다. 많은 인터넷 사용자들은 그들 각자가 믿는 사적인 시각들을 표현하는 데에 이메일이나 소셜미디어를 통해 형성된 작은 규모의 집단을 활용한다. 그러나 그 메시지를 받은 사람은 누구나 전 세계에 공개할 수 있고, 많은 이들은 최근 수년간 단지 그들이 사적인 차원이라고 믿고 솔직하게 발언한 것이 널리 알려지면서 곤혹스러운 경험을 했다. 더욱이 인터넷에는 공소시효가 없다. 당신이 말하는 모든 것은 차후 부인하기가 극도록 어려운 항구적인 공적 기록의 일부가 된다.

이러한 흐름은 《뉴욕타임스The New York Times》의 베테랑 기자 도널드 맥닐Donald McNeil의 경우가 잘 보여 준다. 고등학생들과 함께 페루로 연구차 여행을 떠났던 맥닐은 인종적인 언사를 했다는 이유로 고소를 당했다. 이 언사는 그가 직접 쓴 말이 아니라 인용문이었지만 몇몇 학생들이 보다 포괄적으로 그가 말한 방식이 인종주의적이라고 해석했기 때문이었다. 이 이야기는 소셜미디어에서 떠들썩한 반응을 불러일으켰다. 분노한 신문사의 동료 직원들이 나서서 맥닐에게 사과를 요구했고 결국 그는 퇴사했다.[05]

의사 표현의 자유는 사적 조직이 그 구성원들이 조직의 차원에서 말하고 행동하는 것에 대해 규율하고 통제할 수 있는 권리를 수반한다. 확실히 맥닐 사례의 경우 그의 잘못을 신문사의 내부적인 절차를 통해 더 적합하게 처벌할 수 있었다고 볼 수 있는 여지가 존재한다. 여기서 문제는 무엇이 인종주의적 행위를 구성하는지를 판단하는 새로운 기준이었다. 《뉴욕타임스》의 편집자 딘 배케이Dean Baquet는 결론적으로 "내게는 그의 의도가 혐오를 담고 있거나 악의적이었다고 보이지 않았다"라고 말했다. 그러나 현대의 반인종주의 운동가들은 인종주의를 의도 문제와 분리시키고자 했다. 더 이상 사람들이 비인종주의적 방식으로 행동하는 것으로 충분치 않다. 그들의 사적인 생각들에 인종주의가 숨겨진 채 깊숙이 스며들어 있고, 이에 따라 기존의 지배적인 시각과 연결해 다룰 필요가 있다. 소셜미디어의 존재로 인해《뉴욕타임스》는 문제를 내부적인 절차를 통해 조용하게 다룰 수 없었고, 그 사건이 전국적인 논쟁의 대상이 되는 것을 지켜봐야 했다. 맥닐 사례는 몇 가지 더 큰 시대 흐름들이 합쳐지면서 사생활의 권리가 어떻게 침식당해 왔는지 보여 준다. 첫 번째 흐름은 투명성의 원칙이 모든 형태의 사적 행위로 확장되어야 한다는 믿음이다. 두 번째는 정체성 정치가 언어와 권력을 융합하면서 언어에 대한 극도의 민감성이 야기되었다는 것이다. 그리고 세 번째는 사적인 말들을 공적인 언사로 바꾸는 기술의 힘이다.

미국에서 사생활은 건강 정보와 같이 특정한 제한된 영역에서는 보호되고 있으나, 여타 다른 유형들의 사생활 권리 보호에서는 유럽의 일반정보보호규정General Data Protection Regulations에 비견될 만한 국가적 차원의 법률이 존재하지 않는다.[06] 그러나 맥닐의 사례가 보여 주듯이, 사생활에 대한 형식적 규제는 시행하기 매우 어려우며, 이때 수반되는 사적인 소통의 세부 내용에 대한 국가적 개입은 쉽게 역효과를 가져올 수도 있다. 사생활의 보호는 명확한 법률에 의지할 수도 있지만, 궁극적으로는 불쾌하거나 논쟁적인 관점들을 스스로 자제할 수 있는 동료 시민의 능력을 존중하는 사회적 규범을 통해 더욱 잘 달성될 수 있다.

다른 한편, 사생활의 보호는 공적 의사 표현과 관련해서 매우 다른 규범들을 요구한다. 시민들은 서로에게 말할 때 예의 바름의 기준을 준수할 필요가 있다. 오늘날 미국에서 대다수 정치적 의사 표현은 사람들을 다른 합리적인 의견들로 이끌려는 의도를 담고 있지 못하다. 많은 경우에 이는 고의로 반대편을 자극하거나 아니면 같은 편 사람들의 동의를 더욱 부채질하려는 의도만을 보여 줄 뿐이다.

그래서 의사 표현의 자유는 특정 행위자들에게 의사 표현에 관해 커다란 통제력을 부여하는 권력의 집중, 그리고 자유주의 사회가 보호하길 원하는 사생활 영역의 꾸준한 침식, 이들 양자 모두에 의해 도전받고 있다. 표현의 자유가 지닌 심의의 기능은 투명성에 대한 과도한 요구뿐만 아니라, 우리의 사회적 상호작용이 온라인 소통으로 이동하면서 가능해진 여러 유형의 판타지 세계의 등장으로 인해 미약해졌다.

2021년 미국 우파의 상당수는 일종의 판타지 세계에 살고 있다. 그 판타지는 트럼프가 2020년 11월 대통령 선거에서 크게 이겼으나, 민주당 측의 거대한 사기로 인해 그의 승리가 박탈당했다는 것이다. 이러한 판타지는 현실 세계에서 2021년 1월 6일, 친트럼프 세력 폭도들이 국회의사당을 침범한 사태와 같은 결과로 이어졌다. 이러한 경향은 또한 공화당 정치인들이 조지아, 텍사스, 플로리다 그리고 애리조나 같은 주들에서 실존하지 않는 문제를 해결하기 위한 법률들을 통과시키는 현상으로 이어졌다. 이 법들은 유권자의 접근을 제한하고, 만약 공화당원이 선거에서 승리하지 못할 경우 미래에 투표 결과를 뒤엎을 수 있는 권리를 스스로에게 부여했다. 코로나19 사태에 대비하기 위해 국가적 차원에서 백신이 도입되기 시작했을 때에도, 많은 보수주의자들은 백신 접종을 정부의 정치적 음모가 담긴 것으로 보고 거부했다. 더 작은 규모지만 여전히 상당수의 사람들은 심지어 더욱 이상한 음모론에 동참했는데, 예를 들어 트럼프를 지지하는 큐어넌QAnon 집단이 꾸며 낸 이야기는 민주당이 국제적인 소아성애자 조직의 일부라는 것이었다.[07]

　그러한 이야기들의 확산은 인터넷의 등장과 직접적으로 연결되어 있다. 우파의 피해망상증은 1920년대의 빨갱이 공포부터 1940년대의 매카시즘에 이르기까지 항상 미국 정치에 존재했는데, 그러한 음모론은 보통 정치적 스펙트럼의 주변부로 밀려났다.[08] 인터넷 등장 이전에는, 정보는 소수의 방송 채널과 신문에 의해 통제되었고, 패배한 정치인이 실체적 증거 없이 부정선거를 주장하는 것이 매우 어려웠다. 그러나 인터넷은 무수한 채널들이 거짓된 정보를 퍼뜨릴 수 있는 환경을 제공했다.

　만약 누군가가 선호하는 현실이 실제 현실과 많이 다르다면, 보통은 결국 직업을 갖기 어려울 것이라거나, 정확한 목표 지점에 도달하지 못할 것이라거나, 자신을 질병에서 지킬 수 없다는 등의 궁극적 현실 인식에 봉착한다. 그러나 여기서, 현대 정보기술은 사람들의 인식 지평에 개입하기 위해 또한 여러 가지 일들을 벌여 왔다. 우리는 점점 더 외부 세계와 직접적으로 상호작용하지 않게 되었으며, 다른 사람들과 함께 접촉하고, 느끼고, 걷고 혹은 말하려 하지 않는다. 오늘날 이러한 활동들은 외부 세계의 아바타들을 우리에게 제공하는 스크린에 의해 더 자주 중개되고 있다. 우리의 사회적 연결은 한두 세대 이전에 우리가 엮여 있던 가족과 친구의 친밀한 범위를 훨씬 벗어나 확장되어 왔다. 컴퓨터가 모방해 낸 현실은 시간이 지나면서 믿기 어려울 정도로 실제 현실처럼 변했고, 무엇이 실제이고 무엇이 가상인지에 대한 사람들의 감각은 무디어졌다. 이러한 현상은 다른 어디에서보다 온라인게임 세계 혹은 할리우드 영웅들의 판타지 세계에 나타나고 있고, 이는 젊은이들이 보내는 시간에서 점점 더 커다란 비율을 차지하고 있다. 게임 세계 속에서 사람들은 그들이 타고난 몸이나 사회적 정체성과 함께 살아가지 않아도 되며, 익명성으로 인해 자신의 행동에 거의 책임을 지지 않는다. 온라인 세계에서는 무모한 운전이나 타인에 대한 폭력 행사와 같은 위험한 행동들을 일반적으로 막아 주는 죽음의 공포가 존재하지 않는다. 이는 미국의 현재 상황에 대한 기술적 맥락을 구성한다. 현재 정치적으로 대립하는 양측 세력에 속한 사람들 모두 이데올로기나 정책 선호 면에서 단순히 불일치하는 것이 아니라, 서로 다른 버전의 현실을 보고 있다.

진보적 좌파는 온라인 판타지에 관한 자신만의 버전을 가지고 있다. 좌파의 버전은 우파보다 훨씬 더 부드럽고 덜 심각하며, 자유민주주의의 근간을 위협하지 않는다. 그러나 이는 좌파만의 어젠다를 달성하기 위한 능력의 관점에서 나름의 결과들을 초래했다.

우리가 살펴보았듯이, 비판이론의 전통은 정체성 정치와 맞물려 기본적인 권력구조의 기표들로서 말과 언어를 지나치게 강조한다. 이것은 종종 말을 실제적 힘과 착각하게 한다. 대학과 예술 영역과 같은 실제 현장에서, 무엇이 타자에게 해를 가하는지에 대한 이해는 방대하게 확장되었다. 어떤 경우에서는 금기시된 특정한 단어의 단순한 언급이 폭력과 동등한 것으로 인식되고, 그러한 말의 언급을 금지하는 것은 물리적 안전성의 문제로서 정당화된다.

인터넷은 사람들에게 사회적 정의에 관한 그들의 감정을 배출하는 통로를 제공했지만, 그것을 실제로 실현할 의무에서는 해방시켰다. 자유민주주의에서 사회정의를 달성하는 일은 어렵다. 그것은 대중 동원에서 시작되며, 이러한 동원을 위해서는 사람들의 인종, 젠더, 장애 혹은 여타 차별 조건 등 부정의의 문제에 관한 의식이 고양되어야 한다. 온라인 활동은 이를 위한 완벽한 조건을 갖추고 있다. 그러나 대중 동원은 또한 행동으로 전환되어야 한다. 누군가는 상황을 개선하기 위한 정책과 법을 고안해야 한다. 선거는 경쟁 속에서 치러져야 하고, 선거에서 승리하게 되면 지배적 다수가 형성된다. 입법자들은 문제 해결을 위한 자원들을 투입하도록 설득되어야 한다. 정책은 법원에서 법적 쟁점들이 검증되어야 하며, 그 이후에는 광범위한 규모로 시행될 필요가 있다. 이러한 단계들의 많은 부분은, 이슈가 된 사회적 정의에 대해서 처음부터 동의하지 않는 동료 시민들을 설득하는 과정을 필요로 한다. 이에 따라 시민들은 결국 정치적 현실에 맞춰 자기 목표를 조정해야 할지도 모른다.

인터넷은 사람들이 의사 표현 행위를 실제 현실에 영향을 주는 행위로 착각하게 만들어 왔다. 인종주의자라고 믿어지는 사람의 말을 막음으로써, 활동가들은 자신이 실제 인종주의에 타격을 가한 것처럼 생각한다. 대신에 그들이 실제로 한 일은 단지 의사 표현의 현장을 이전시킨 것뿐이며, 그들은 스스로를 우파에게 정당한 비판의 대상으로 만들었다. 소셜미디어기업들은 명민하게 인센티브 체계를 창출하여, 사람들로 하여금 그들이 '좋아요'를 계속 누르거나 재차 리트윗을 할 때 무언가 중요한 일을 하는 것처럼 생각하게 만들었다. 하지만 현실에서 그러한 중요성의 척도는 오직 소셜미디어 자체의 폐쇄된 환경에서만 의미를 가질 뿐이다. 소셜미디어가 현실 세계를 개선하는 결과로 이어질 수 있는 가능성을 부정하는 것은 아니다. 그러나 대다수 사람들은 온라인의 상호작용을 통해 경험하는 현실의 모방에 만족한다.

　근대 자연과학과 계몽주의의 인식론에 대한 공격은 좌파 측에서 비판이론이 엘리트들의 숨겨진 어젠다들을 드러내면서 시작되었다. 비판이론적 접근법은 종종 현실적 객관성의 가능성을 부정했고, 대신에 진정성authenticity의 원천으로서 주관적 느낌과 감정에 가치를 부여했다. 이러한 회의주의는 이제 우파 포퓰리스트들에게 흘러들어 갔는데, 이들은 엘리트들이 과학적 인지 방식들을 소수자 공동체를 배제하기 위한 기술적 차원이 아니라, 이전의 주류 세력을 희생시키기 위해서 활용한다고 본다. 좌파 진보주의자들과 우파 백인 민족주의자들 모두 날것 그대로의 느낌과 감정을 차가운 경험적 분석보다 더 높이 평가하는 것이다.[09]

　인터넷과 디지털 소통 기제들이 초래한 대안적 현실 문제에 대한 장기적 해결책은, 선호되지 않는 의사 표현을 단순히 권력을 통해 막아 버리면서 의사 표현의 자유를 포기하는 것일 수 없다. 그 권력의 사용 주체가 정부, 기업 아니면 디지털 온라인 폭도인지 여부는 차이가 없다. 단기적으로 혹은 즉각적인 폭력의 발생을 막기 위해서 그러한 권력의 사용에 누군가가 동의한다 해도, 이러한 종류의 권력은 매우 위험하며 시간이 흐르면서 필연적으로 여타 행위자들이 정치적 반대세력을 대상으로 휘두르게 될 것이다. 따라서 우리는 자유주의의 규범적인 틀을 회복해야 하며, 여기에는 합리성과 인식론에 대한 자유주의적 접근이 포함된다. 자유주의적으로 중요한 규범은 단일한 권위적인 목소리를 내지 않는 '과학'에 대한 믿음이 아니라, 열린 결론을 가지고 경험적 검증과 반증에 의존하는 과학적 방법론에 대한 믿음이다. 나아가 의사 표현의 자유는 정중함 그리고 타인의 사생활 영역에 대한 존중의 규범에 의존한다. 명심할 것은 우리의 주관적 마음 바깥에 객관적 세계가 존재한다는 사실이다. 그리고 만약 대안적 현실이 그 세계로부터 너무 멀리 떨어져 길을 잃을 경우, 우리가 그 대안적 현실이 아무리 참이기를 원한다 한들 현실 세계의 목표를 달성하는 것은 불가능하다는 사실이다. 우리는 현실을 잊게 하는 잘못된 색깔의 약을 삼킬 수 있으나, 결국 언젠가는 그 꿈에서 깨어날 것이다.

8

대안은
있는가?

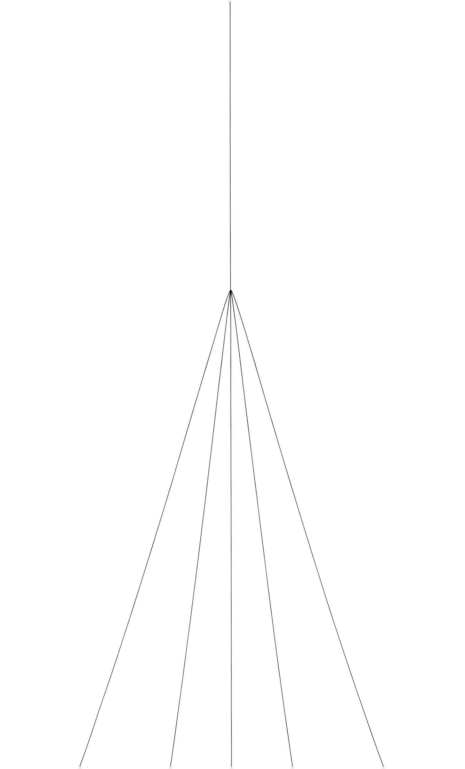

자유주의 사회에 대한 많은 정당한 비판들이 존재한다. 자유주의는 자기 탐닉적인 소비자주의이다, 자유주의는 공동체나 공통의 목표에 대한 굳건한 감각을 제공하지 않는다, 자유주의는 너무 관용적이고 깊게 자리한 종교적 가치들을 존중하지 않는다, 자유주의는 너무 다양하다, 자유주의는 충분히 다양하지 않다, 자유주의는 진정한 사회정의를 달성하는 데에 너무 열의가 부족하다, 자유주의는 불평등에 지나치게 관대하다, 자유주의는 용의주도한 엘리트들에 의해 지배당하고 있고 일반 서민들의 바람에는 반응하지 않는다 등등. 그러나 각각의 비판들에 우리는 다음의 질문을 제기할 필요가 있다. 자유주의를 대체해서 무엇이 보다 우월한 원칙과 정부 형태가 될 수 있는가? 이러한 도전적 질문은 두 가지 개별적 의미가 있다. 우선 규범적으로, 대안적 원칙이 자유주의를 이끄는 기본원칙들, 즉 보편주의, 인간 평등성의 전제 그리고 법에 대한 의존을 대체하면서 존재할 수 있는가? 그리고 두 번째로, 실천적인 정치의 문제로서, 실현 가능한 대안적 정치 질서에 도달할 수 있는 길은 존재하는가?

정치적 권리에 의해 표출된 불만들에 관한 조금 더 구체적인 설명에서 출발해 보기로 하자. 이 불만들은 자유주의의 매우 근본적인 어떤 핵심과 연관되며, 자유주의가 존재한 수 세기 동안 반복적으로 제기되어 왔다. 고전적 자유주의는 의도적으로 정치의 시선을 낮추어 그 목표를 특정한 종교, 도덕적 신조 혹은 문화적 전통에 의해 정의된 좋은 삶이 아니라, 사람들이 좋은 삶이 무엇인지에 대해 동의하지 못한 상황에서 삶 자체를 보존하는 것에 두었다. 이는 자유주의적 질서를 정신적 진공상태로 남겨 두었다. 이로써 개인들은 그저 자신만의 길을 걷게 되었고, 오직 얇은 의미의 공동체만이 창출되었다. 자유주의 정치질서는 관용과 타협을 향한 열림 그리고 심의와 같은 공유된 가치들을 요청하지만, 거기에 탄탄하게 짜인 종교적 혹은 종족-민족적 공동체의 강한 유대는 존재하지 않는다. 따라서 자유주의 사회는 종종 물질적 자기만족을 맹목적으로 추구하도록 조장하는데, 이 소비사회에서 사람들은 사회적 지위에 항상 굶주려 있으면서, 어떤 주어진 상황에서 개인이 달성할 수 있는 것에는 결코 만족하지 않는다.

소랍 아마리Sohrab Ahmari와 에이드리언 버뮬Adrian Vermeule 같은 보수적 지식인들은 이러한 자유주의의 정신적 진공상태를 개탄하면서, 종교적으로 뿌리내린 도덕적 행동 기준의 붕괴와 연결 짓는다. 이 보수적 지식인들은 6장에서 주목한 개인적 자율성의 영역 확장을 비난해 왔다. 아마리에 따르면, "우리가 대항하는 움직임은 또한 무엇보다 자율성을 칭송한다. 실제로, 그것의 궁극적 목적은 전통적 권위에 반하여 가장 넓은 범위로 무엇이 참되고 선하고 아름다운지를 규정할 수 있는 개인들의 의지를 보호하는 것이다".[01] 버뮬은 자율성을 넘어서는 대안적 체계를 제시한다. "이제 가능한 것은 실질적인 도덕적 입헌주의를 상상하는 것으로서, 이는 또한 좌파 자유주의자들의 압도적인 숭배의 서사, 즉 개인주의적 자율성의 끊임없는 확장으로부터 해방되는 것이다."[02] 종교적 규칙들은 특히 가족적 삶과 성적 행태를 규제하는 데 중요한 역할을 했다. 기독교 보수주의자들은 오랫동안 임신중지뿐 아니라 안락사와 같은 관행들의 확산을 삶의 성스러움에 대한 공격으로 개탄해 왔다. 최근 자유주의 사회에서 동성애와 젠더적 유연성의 급속한 수용은 이러한 불만을 더욱 증가시켰다. 더 넓은 시각에서 많은 종교적인 보수주의자들은 자유주의가 도덕적 해이를 일반적으로 조장하며, 그 속에서 개인들은 그 어떤 초월적인 신이나 도덕적인 원칙보다도 그들 자신을 숭배하고 있다고 본다. 이러한 시각이 미국에서는 보수적인 기독교인들과 연결되어 있다면, 다른 지역에서도 보수적인 유대인들, 무슬림들, 힌두교인들 그리고 여타 종교적 신념들을 지닌 사람들은 이와 같은 입장을 취한다.

　　민족주의자들은 종교적 보수주의자들과 유사한 불만을 갖고 있다. 자유주의는 민족적 공동체의 유대를 해치고 이를 전 지구적 차원의 세계시민주의로 대체하여 동료 시민들뿐만 아니라 먼 나라의 사람들에게 관심을 기울이게 했다. 19세기 민족주의자들은 민족적 정체성을 생물학에 기초를 두어 파악했고 민족적 공동체가 공통의 조상에 뿌리를 내리고 있다고 믿었다. 이러한 믿음은 오르반과 같은 현대 민족주의자들에게도 중요한 주제로 계승되었는데, 오르반은 헝가리의 민족적 정체성을 헝가리의 종족성에 기반한 것으로 정의했다. 요람 하조니Yoram Hazony 같은 현대 민족주의자들은 자신들을 20세기적 종족-민족주의와 구분하면서, 민족은 응집력 있는 문화적 단위를 구성하여 구성원들로 하여금 음식, 휴일, 언어 등의 두터운 전통을 공유하게 한다는 점을 강조한다.[03] 패트릭 데닌Patrick Deneen은 자유주의가 모든 형태의 자유주의 이전 문화를 해체시켜 온 일종의 반문화anti-culture를 구성하며, 이때 사적인 삶의 모든 차원에 침투하고 통제하기 위해 자유주의국가의 힘을 이용해 왔다고 주장한다. 주목할 것은, 데닌과 여타 보수주의자들은 경제적 신자유주의와 결별하면서 시장 자본주의가 가족, 공동체 그리고 전통의 가치들을 부식시킨다고 비난하는 목소리를 내고 있다는 점이다.[04] 그 결과, 경제적 이데올로기 관점에서 좌파와 우파를 규정하던 20세기적 범주들은 지금의 현실과 적절하게 맞아떨어지지 않으며, 우파 집단들은 사회적 삶과 경제 모두를 규제하기 위해 국가권력을 활용하려는 의지를 보이고 있다.

　　물론 종교적 보수주의와 민족적 보수주의는 많은 부분 중첩된다. 현대 민족주의자들이 보존하고자 하는 전통 중에는 종교적인 것들이 포함된다. 그래서 폴란드의 보수정당인 법과정의당은 폴란드 가톨릭교회와 깊숙이 연관되어 있고, 임신중지와 동성결혼을 지지하는 자유주의적 유럽을 향해 문화적 불만의 입장을 표출해 왔다. 유사하게, 종교적 보수주의자들은 종종 자신들을 애국주의자로 간주한다. 이는 특히 트럼프가 벌인 "미국을 다시 위대하게Make America Great Again" 캠페인의 핵심축을 형성했던 미국의 기독교 복음주의자들에게서 여실히 드러나는 사실이다.

미국 우파 중 일부에서는 다양성에 대한 관용을 철회하려는 의지가 확장되고 있다. 이런 경향은 동료 시민들이 인종, 민족 혹은 종교 차원에서 부적절하다고 지적하는 것만이 아니라, 실제 인구 다수를 구성하고 있는 다양한 집단의 사람들로 확대된다. 클레어몬트연구소의 글렌 엘머스Glenn Ellmers는 다음과 같이 말한다.

나는 참으로 많은 본토 출생의 사람들, 비록 그들 중 일부의 조상은 메이플라워호를 타고 미국에 건너왔고 형식적으로는 미국 시민일지 몰라도, 더 이상(이전에 그랬을지라도) 실질적 **미국인**이 아닌 사람들에 대해 언급하고자 한다. 그들은 최근까지 미국을 하나의 국가a nation이자 인민a people으로 정의했던 원칙과 전통 그리고 이상을 믿지 않으며, 이에 따라 살지도 않고, 이를 좋아하지도 않는다. 우리가 이러한 시민-이방인들, 비미국적 미국인들을 무엇이라고 불러야 할지는 명확치 않다. 그러나 확실히 그들은 무언가 다른 존재들이다.[05]

엘머스에게 '참된' 미국인의 입증은 2020년 선거에서 트럼프에게 표를 주었는지 여부이며, 바이든에게 표를 준 8000만 명 이상의 사람들은 '비미국인'이다.

보수주의에서 이와 다른 별개의 자유주의 비판이 존재하는데, 이 비판은 자유주의 정책의 실질과 연결되어 있기보다는 그러한 정책이 산출되는 절차와 관련된다. 자유주의는 법에 뿌리내리고 판사와 법원의 자율성을 보장한다. 이론적으로 판사들은 민주적으로 선출된 입법자들에 의해 통과된 법률을 해석해야 하지만, 때때로 입법자들을 고려하지 않고 유권자들이 아닌 자신들의 선호를 반영한 듯한 정책들을 조장해 왔다. 크리스토퍼 콜드웰Christopher Caldwell은 1960년대의 민권 혁명이 대개는 재판관들에 의해 야기되었으며, 여성의 권리와 동성결혼과 같은 여타 차별의 영역을 포괄하려는 법원에 의해 확대되었다고 주장했다. 그의 시각에서 이러한 상황은 1789년 건국자들에 의해 본래 제시된 헌정 질서, 즉 민주적으로 선출된 다수가 중요한 결정을 내리는 것에서 벗어나 비선출직 판관들에 의한 대안적인 헌정 질서로 이어졌다.

같은 선상에서 보수주의자들은 성역할과 성적 지향 같은 사회적으로 민감한 사안에 관한 규정들이 책임성이 결여된 행정국가에 의해 공표되고, 무책임한 판사들의 명령에 따라 작동한다고 불평한다. 미국에서 많은 공공정책들은 주와 지역 학교위원회에 의해 만들어졌는데, 이들은 입법적 위임이 아니라 관료적 행정지침을 통해 교과과정을 구성할 수 있다. 때때로 이러한 관료적 규칙들이 국민투표를 통해 대중적 선택에 맡겨질 때, 선택받지 못하는 경우도 있다(동성결혼을 금지하는 캘리포니아의 8번 법률 제안Proposition 8의 경우처럼). 이 결과는 그럼에도 불구하고 차후 법원의 판단에 의해 무시될 수 있다.

유럽에서는 사법 적극주의judicial activism가 미국에서만큼 큰 이슈가 아니지만, 우파 측에서 대중적 선택을 능가하는 법원의 힘에 관한 불만의 목소리가 여전히 크게 존재한다. 예를 들어, 유럽인권재판소와 유럽사법재판소는 난민의 지위와 관련된 최종 결정을 내리면서 유럽연합의 국가들이 각자의 뜻에 따라 이 민감한 이슈를 처리할 수 있는 능력을 제한해 왔다. 2014년의 시리아 난민 위기에서부터 시작해 이러한 결정은 유럽적 제도에 대한 대중의 분노에 불을 붙였고, 영국이 2016년 유럽연합을 떠나기로 결정한 국민투표의 결과에 기여한 요인 중 하나가 되었다. 유럽의 우파는 유럽연합의 관료제를 더 큰 문제로 보는데, 이는 유럽적 관료제가 경제정책의 영역에서 미국의 경우보다 훨씬 더 강력하고 그 어떤 민주적 책임성에도 직접적으로 종속되지 않는 경향이 있기 때문이다.

자유주의에 대한 보수주의의 실질적 비판, 즉 자유주의 사회가 공동체가 건설될 수 있는 굳건한 공통의 도덕적 지평을 제공하지 못한다는 지적은 충분한 사실이다. 실제로 이는 자유주의 한 특성이지 오류가 아니다. 이때 보수주의자들에게 던질 수 있는 질문은, 현대 자유주의 사회의 세속주의 경향을 되돌려 다시 두터운 도덕적 질서를 세울 수 있는 현실적 방법이 과연 존재하는지의 여부이다.

어떤 보수주의자들은 사회가 그들이 상상하는 기독교적 도덕 질서로 회귀할 수 있을 거라고 희망할지도 모른다. 그러나 근대사회는 16세기 유럽의 종교전쟁 때보다 훨씬 더 종교적으로 다양하다. 오늘날에는 단지 경쟁하는 종교들과 종교적 분파들만 있는 것이 아니라, 종교적 사람들과 세속적 사람들 간의 깊은 분열이 존재하며 폴란드, 이스라엘 그리고 미국에서 극심한 양극화로 표출되고 있다. 미국에서 기성종교에 대한 신앙심을 고백하는 젊은이들은 지난 십 년 동안 크게 감소했고, 미국도 유럽처럼 세속주의의 길에 접어들었다. 시간을 되돌려 종교적 믿음에 기초한 도덕적 지평의 공유를 회복하겠다는 아이디어는 실천적으로 달성하기 어려운 일이다. 이러한 종교적 회복의 실현을 희망하는 인도의 모디 총리와 같은 사람들은, 그가 인도 구자라트 지방의 주지사로 있었을 때 묵과했던 것과 같은 종류의 종교적 억압과 집단적 폭력을 불러일으키고 있다.

만약 설득에 의한 종교적 회귀가 불가능하다면, 어떤 보수주의 지식인들은 명백하게 권위주의적인 정부라는 아이디어에 유혹되기도 한다. 예를 들어, 하버드 법대 교수인 에이드리언 버뮬은 스스로 이름 붙인 '공동선 입헌주의common good constitutionalism'를 선호하며 다음과 같이 주장했다.

이러한 접근은 공동선에 기여할 수 있는 실질적인 도덕 원칙들, 즉 (판사들을 포함하나 여기에 국한되지는 않는) 정부 관리들이 성문헌법의 찬란한 보편성과 모호함에 의미를 부여해야 한다는 원칙들을 출발점으로 삼아야 한다. 이러한 원칙들은 통치와 통치자들에 대한 존경을 포함한다. 위계에 대한 존경은 사회가 작동하는 데 필수적이다.

나아가 그는 이렇게 주장했다. 공동선 입헌주의의 "주된 목표는 확실히 개인적 자율성을 극대화하거나 권력의 남용을 극소화하는 것이 아니라(어느 경우든 목표가 모호하다), 그 대신 통치하는 자가 잘 통치하는 데 필요한 힘을 갖도록 보장하는 것이다".[06] 어떤 보수주의 작가들은 헝가리의 빅토르 오르반이나 포르투갈의 마지막 독재자 안토니우 살라자르Antonio Salazar를 미국의 미래 지도자의 모델로 삼을 만하다고 제시했다.[07] 극단적 우파 측에서는 진보주의를 막기 위한 방식으로 폭력에 대한 유혹이 있어 왔다. 미국에서는 항상 총기 소유권이 넘쳐 나며 2020년 팬데믹 때에는 무기 구매가 폭증했다. 총기 소유의 정당화는 스포츠와 사냥에서 출발해 정부의 폭정에 대항하기 위한 필요성으로 점차 바뀌어 왔고, 이 극단적 우파 집단들에게는 민주당이 지배하는 그 어떤 정부도 폭정에 해당한다.

미국에서 미래에 선거 경쟁을 둘러싸고 펼쳐질 수도 있는 매우 나쁜 시나리오를 상상해 보는 것은 물론 가능하지만, 이 나라에서 폭력적 반란이 성공하기란 여전히 극도로 어려운 일일 것이다. 또한 미국인들이 버뮬 교수가 제시한 바와 같은 명백히 권위주의적인 정부를 수용한다는 것은 거의 불가능에 가깝다. 이러한 현실 인식에서, 보수주의 작가인 패트릭 데닌과 로드 드레허Rod Dreher는 작은 공동체 혹은 심지어 수도원주의로 돌아갈 것을 제안한다. 여기서 자유주의 사회의 더 큰 흐름으로부터 차단되어 유사한 신념을 가진 사람들끼리 그들의 믿음을 보호받으며 실천할 수 있다는 것이다.**08** 현대 미국의 자유주의에서는 그들이 오늘날 이러한 실천을 하지 못하도록 방해할 것이 없다. 그들은 자유주의에 대한 대안을 제시하는 것이라기보다, 자유주의가 다양성에 열려 있는 점을 자신들에게 유리하게 이용하고 있을 뿐이다.

대중적이지 않은 문화적 어젠다를 밀어붙이는 무책임한 법원과 관료제의 역할에 관한 보수주의자들의 절차적 불평 procedural complaint은 민주적 선택의 현실 문제를 반영한다. 그러나 다시 말하지만, 그 불평이 드러내는 것은 자유주의의 한 특성으로서 중요한 역사적 뿌리를 가진다. 그 어떤 **자유**민주주의도 민주적 다수에게 무제약적인 권력을 부여하지 않는데, 그 이유는 자유주의의 주창자들은 사람들 스스로 나쁜 선택을 할 수 있다고 이해했기 때문이다. 이것은 특히 미국의 건국자들에게 중요한 사실이었는데, 이들은 민주주의의 과도함에 대해 고민하는 데 상당한 공을 들였고 지나친 민주적 선택을 제한하는 견제와 균형의 복잡한 체계를 설계했다. 콜드웰은 1960년대의 민권 혁명이 새로운 헌정 질서를 도입하면서 법원이 대중의 선택을 관례적으로 압도할 수 있게 되었다고 주장하지만, 그의 주장은 미국의 헌정 체계와 역사 두 가지 모두의 본질에 대한 심각한 오해에서 비롯된 것이다.

　　건국 이후 미국인들이 직면한 중심 이슈는 인종에 대한 것이었다. 남북전쟁 이전 남부에서는 유권자의 압도적 다수가 노예제도를 찬성하고 있었고, 투표권은 백인 남성들에게만 제한적으로 부여되어 있었다. 링컨과의 논쟁에서 스티븐 더글러스Stephen Douglas는 민주적 선택의 우선성을 주장했다. 그는 사람들이 노예제에 찬성하느냐 반대하느냐는 고려 사항이 아니라고 공언했다. 그에게 중요한 것은 인민들의 의지가 존중받는지의 여부였다. 이러한 더글러스의 주장에 대해, 링컨은 민주주의보다 더욱 중요한 원칙으로 삼아야 할 것은 「미국독립선언문」이 담고 있는 "모든 사람은 평등하게 창조되었다"라는 근본 전제라고 답했다. 노예제는 이러한 원칙과 모순되는 것이었다. 이것은 민주적 다수가 그것을 지지하느냐 마느냐의 여부와 상관없이 잘못된 것이었다.

　　남부 유권자들이 내린 선택으로 인해, 노예제의 소멸은 민주적 방식이 아니라 피비린내 나는 내전을 통해 이루어졌다. 또한 전후 한 세기 동안 민주주의는 합법적 인종 분리와 짐크로법Jim Crow laws 체제를 끝내는 데에 충분한 역할을 하지 못했다. 남부의 백인 유권자 다수는 지속적인 인종 분리를 지지했고 다른 방향으로 설득될 수 없었다. 1960년대 민권운동 시기에 입법부 대신에 활용되었던 법원과 관료제의 역할은 미국의 인종 차별 역사의 맥락에서 살펴볼 필요가 있고, 역사는 유권자들 스스로가 자유주의 정치를 항상 선택한 건 아니라는 사실을 보여 준다.

콜드웰이 자신이 설명하는 자유주의의 질병에 대해 과연 현실적 대안을 가지고 있는지는 분명치 않다. 어떻게 자유주의가 미국의 본래 헌법을 뒤엎었는지에 관한 그의 주장은, 사실상 대법원의 브라운 대 교육위원회 판결Brown v. Board of Education 이전의 문제적 상황, 즉 민주적 다수가 투표를 통해 특정 계층에 속한 시민들의 기본권을 제한할 수 있었던 상황으로 되돌아가고자 하는 것처럼 보인다. 따라서 이러한 입장보다 훨씬 더 현실적인 방향은, 향후 법원과 행정기관이 입법부의 특권을 침해하는 결정을 내릴 때 이 결정을 더욱 강력하게 규제하는 방식이 될 것이다. 미국에서 법원과 행정기관은 새로운 기본권들을 발견해 온 반면, 입법부는 인종과 젠더 차별을 금지하는 간단한 입법적 용어를 확장하면서 각급학교와 대학이 성적 관계sexual relations를 규제하는 방식에 관해 수백 페이지에 달하는 세부 지침을 제시했을 뿐이다. 법률은 반드시 변화하는 상황 조건들에 맞추어 진화할 필요가 있고, 법원과 행정기관은 입법부가 느리게 반응할 때 이러한 조율을 촉진할 책임이 있다. 그러나 만약 법원과 행정기관이 다수 여론에 비해 너무 앞서 나가게 되면, 스스로를 정당화해야 할 위험에 직면한다. 법원과 행정기관은 스스로를 입법 절차를 뛰어넘는 수단으로 사용함으로써, 극렬한 반발과 정치화의 공격 대상이 되었다.

진보좌파가 제기한 자유주의에 대한 비판 역시 실질적인 차원과 절차적인 차원을 포괄한다. 실질적 불만은 계급, 인종, 젠더, 성적 지향 등등에 기초한 수많은 불평등이 수십 년 동안 지속되어 왔다는 것이다. 주류 정치인들은 이러한 문제들과 함께 살아가는 법을 배웠는데, 잘 교육받은 전문가들은 자신들을 위해 품위 있는 삶을 구축하면서 사회의 여타 부류들과는 벽을 칠 수 있었기 때문이다. 1980년대의 레이건-대처 혁명기 이후, 빌 클린턴과 토니 블레어에서 버락 오바마에 이르기까지 많은 좌파 정치인들은 우파 쪽으로 이동하면서 시장주의적 해결, 재정 긴축 그리고 [점진적 사회 개선을 추구하는] 증분주의 incrementalism를 제시하는 신자유주의적 주장들을 수용했다. 아프리카계 미국인들을 향한 경찰 폭력과 같은 문제들은 공공연하게 은폐되었고 인종 집단들 간의 경제적 산출 격차는 해소하기 어려운 채로 남거나 심지어 더욱 커지기도 했다. 기후변화와 같은 새로운 문제들은 세대 간 커다란 갈등을 야기했지만, 화석연료 관련 회사들과 기후변화를 믿지 않는 보수적 유권자들 같은 완고한 세력들로 인해 진지하게 논의되지 못했다. 이에 따라 자유주의의 증분주의는 사회가 직면한 도전들에 적합한 해결책을 고안하는 데 완전히 실패해 왔다.

이후 이러한 실질적인 비판들은 절차적 차원의 불만들로 이어져, 많은 Z세대 활동가들과 앞선 베이비붐 세대 사이에 발생한 긴장의 원천이 된다. 자유민주주의는 심의와 타협을 요구하는 복잡한 규칙들을 중심으로 구성되는데, 이 규칙들은 더 급진적인 형태의 개혁을 종종 방해하는 역할을 한다. 이는 미국과 같이 심하게 양극화된 나라에서 대등하게 분열된 의회가 연간 예산과 같이 간단한 이슈들에서도 일치하지 못하고, 인종적 불평등이나 가난 문제 등과 관련된 포괄적인 새로운 사회정책들의 경우에는 더욱 그렇다는 것을 의미한다. 시간이 흘러가면서 사실상 입법 과정에서 의사 결정의 규칙들은 더욱 제한적이 되었는데, 압도적 다수가 만들어지기 어려운 경우 중요한 법안의 통과를 방해하기 위해 주기적으로 활용되는 필리버스터의 경우가 그러하다. 이것은 왜 필리버스터의 철폐가 바이든 행정부에서 진보적 사안 중 가장 우선순위에 오르게 되었는지를 보여준다. 이러한 자유주의의 실질과 절차에 관한 불평들 속에서, 많은 진보 운동가들은 실패한 것은 특정 정책이나 리더가 아니라, 근본적인 사회 변화를 막도록 조작되어 온 자유주의 체계 자체라고 주장했다.

　　그렇다면 자유주의에 대한 진보좌파의 대안은 무엇이 될 것인가? 미국의 많은 보수주의자들은 이미 '극좌파far left' 국가의 폭정이 권리를 짓밟는 악몽의 세계 속에 살고 있다고 스스로 믿고 있다. 이때 그들이 상상한 악몽은 팬데믹의 보건 위기 상황에서 마스크 착용과 백신 접종을 의무화하는 것에서부터, 권위적이고 억압적인 관리들이 집집마다 다니며 사람들의 총과 성경을 빼앗는 것에 이르기까지 정부가 빈틈없이 움직이는 세계이다. 패트릭 데닌 같은 저자들은 오늘날 가장 중대한 진보적 합의가 이미 예전의 문화적 전통의 내용물들을 모두 제거해 버려서, 자신과 같은 보수주의자들이 침묵할 수밖에 없고 더 이상 목소리를 낼 수 없게 되었다고 본다.

진보적 탈자유주의 사회가 어떻게 보일 것인지에 대한 더욱 현실적 그림은 조금 더 섬세한 구별을 요구한다. 우파와 달리, 좌파 사람들은 명백히 권위주의적인 정부라는 아이디어를 거의 생각하려고도 하지 않는다. 반대로 극좌파는 국가주의보다는 무정부주의로 기우는 경향이 있다. 좌파 성향을 띠는 포틀랜드와 시애틀 같은 도시들에서, 진보적 활동가들은 시애틀의 캐피톨 힐 자치구역과 같이 경찰이 없는 지역을 설정하려 하고, 전국에 걸쳐 경찰 부서들에 자금줄을 끊어 버리라고 요구하기도 한다. 이러한 정책들은 결국 자멸적인 것임이 드러났다. 자치구역들은 범죄와 약물로 물들었고, 경찰에 대한 자금 지원을 끊자는 아이디어는 더 중도적인 민주당 정치가들을 지속적으로 괴롭히면서 큰 부담을 주었다.

진보적 탈자유주의 사회의 미래에 관한 더욱 그럴듯한 시나리오는 기존 경향성이 훨씬 심화되는 상황을 그려 보는 것이다. 인종, 젠더, 성적 지향 등 정체성 범주들에 대한 고려는 일상의 모든 영역에 주입되어 고용, 승진, 보건, 교육 그리고 여타 삶의 영역들에 대한 접근성의 우선적 고려 사항이 될 것이다. 피부색을 따지지 않고 능력을 중시하는 자유주의의 기준은 인종과 젠더에 공공연하게 기초한 차별적 선호의 경향으로 인해 뒤로 밀려날 것이다. 미국에서 소수집단우대정책affirmative action은 지금까지 '캘리포니아대학교 이사회 대 바키Regents of the University of California v. Bakke'와 같은 대법원의 판례에 의해 사용이 제한되어 왔지만, 이런 상황도 바뀔 수 있고 각종 정체성 범주들이 법률로 입안될 수도 있다. 탈자유주의 사회가 외부 세계와 관계를 맺는 방식에도 또한 커다란 변화가 있을 것이다. 그러한 사회는 아마도 공동체의 경계를 관리하는 노력을 쉽게 포기할 것이고, 개방적인 난민 보호 체계를 수립할 것이다. 기후변화와 같은 전 지구적 위협으로 인해 국내 사법부나 입법부보다는 국제적 행위자들이 결정한 바에 따르면서 법과 정책을 여기에 맞추려 할 것이다. 시민권은 더욱 완화되어 시민 자격이 없는 사람들에게 투표권을 부여하는 절차가 본질적으로 의미 없어질 것이다.

경제 영역에서 진보적 어젠다가 반드시 탈자유주의로 흐를 것인지는 분명치 않다. 버니 샌더스Bernie Sanders와 같은 정치인들은 사유재산의 폐지나 중앙집권적 계획으로 회귀하는 것을 지지하지 않는다. 오히려 그들은 매우 확장된 형태의 사회민주주의를 추구하는데, 이는 다른 민주사회들에서 시도되어 왔고 다양한 방면에서 성공하기도 했다. 정부는 보편적 사회서비스들을 제공할 것이고, 고등교육 지원, 건강보험 지원, 직업과 최저임금 보장, 국유화까지는 미치지 않는 선에서 금융 체계의 규제, 그리고 기후변화를 막기 위한 광범위한 투자를 시행할 것이다. 이 모든 것에 대한 비용은 부유층에 대한 막대한 세금 부과, 아니면 근대적 통화정책에 의해 오랜 시간에 걸쳐 검증된 화폐 발행 메커니즘에 의해 마련될 것이다.

현 시점에서 그 어떠한 진보적 어젠다가 온전하게 실현될 것으로 보이지는 않는다. 더 큰 규모의 경제적 재분배는 유권자들 사이에서 상당히 인기를 얻겠지만, 진보 어젠다의 문화적 부분에 대한 호소에는 강력한 한계들이 존재한다. 미국에서 양극화는 대칭적이지 않다. 우파 측에서는, 보수주의 유권자 다수는 한때 소위 극단적 입장으로 기울어 부정선거와 백신에 대한 음모론에 빠져들었다. 이와 대조적으로 중도좌파 유권자들은 훨씬 더 다양한 입장으로 나누어져 있다. 더욱 극단적인 진보파는 2010년대 중반 이후 대두했으나, 이 시점에서 민주당 내 지배적인 시각을 대표하진 않는다. 그래서 최근 미국 정치에서 공공정책과 사회 이슈에 대한 공중 여론의 스펙트럼은 확장되어 왔으며, 반자유주의는 우파와 좌파 모두에서 뚜렷하게 훨씬 더 공개적으로 표출되고 있다. 양측의 극단주의는 고전적 자유주의에 대한 현실적 대안을 제시하지 못하지만, 두 세력 모두 자유주의의 이상들을 가차 없이 축소시키고 그 지지자들을 불신해 왔다.

윈스턴 처칠Winston Churchill의 민주주의에 관한 언급을 차용하자면, 자유주의는 최악의 정부 형태다. 존재하는 다른 정부 형태들을 모두 제외하면 말이다. 물론 이 언급이 고전적 자유주의에 대한 열렬한 승인이 될 수는 없을 것이다. 이를 위해서 우리는 다른 근거들을 살펴보아야 한다.

9

국가
정체성

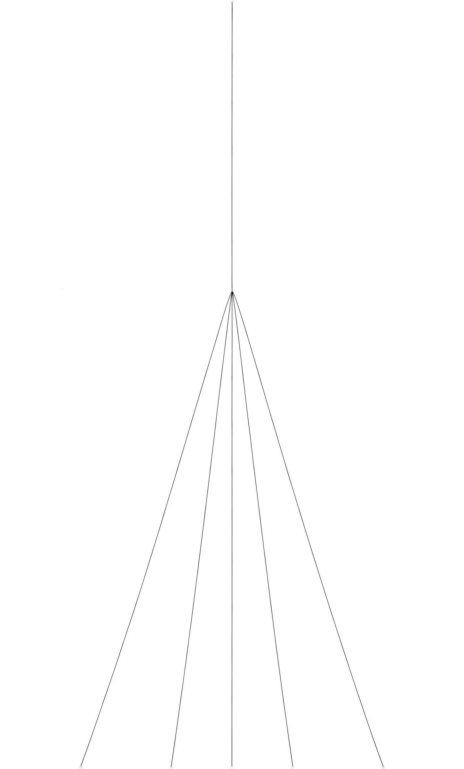

자유주의 사회들에서 생성된 또 다른 불만은 사회가 시민들에게 민족적 정체성의 긍정적 전망을 종종 제시하지 못한다는 것이다. 자유주의이론은 그 공동체만의 확실한 경계와 사람들이 그 경계 내외부에서 어떠한 태도를 지녀야 하는지를 설명하는 데 어려움이 크다. 이는 자유주의이론이 보편주의의 토대 위에 구축되었기 때문이다. 세계인권선언에서 주장된 바와 같이, "모든 인간은 자유롭고 존엄성과 권리에서 평등하다". 더 나아가, "모든 사람은 이 선언에서 제시된 바와 같이 모든 권리와 자유의 자격을 지니고 있고, 여기에는 인종, 피부색, 성별, 언어, 종교, 정치적 혹은 여타 의견, 민족적 혹은 사회적 출신, 가난, 출생 혹은 여타 지위 등의 구분이 적용되지 않는다". 자유주의자들은 이론적으로 세계 어느 곳에서 발생하는지에 상관없이 인권의 위반에 관심을 기울인다. 많은 자유주의자들은 민족주의자들의 특별한 애착심을 싫어하며, 자신들을 '세계시민'이라고 믿는다.

　그렇다면 어떻게 보편주의의 주장이 민족국가들로 구분된

세계와 조화될 수 있는가? 국경이 어떻게 그어져야 하는지에 대해 분명히 설명하는 자유주의이론은 존재하지 않는다. 이러한 한계는 자유주의 사회 내부의 갈등으로 이어져 퀘벡, 스코틀랜드 그리고 카탈루냐와 같은 지역의 분리주의 운동뿐만 아니라, 이민자와 난민에 대한 적절한 대우를 둘러싼 사회적 불일치를 야기해 왔다.

　　만약 그러한 이론을 누군가가 구성하고자 한다면, 다음과 같은 방향으로 나아가야 한다. 모든 사회는 내부적 질서를 보전하고 동시에 외부의 적들로부터 스스로를 보호하는 데 강제력을 사용할 필요가 있다. 이를 위해 자유주의 사회는 강력한 국가를 창출하고, 그렇게 창출된 국가 권력을 법치로써 제한한다. 국가의 권력은 자율적 개인들 간에 맺어진 사회계약에 기초하는데, 여기서 개인들은 그들 권리의 일부를 포기하는 데 동의하고 그 대가로 기꺼이 국가의 보호를 받길 원한다. 이는 법의 보편적 수용과 자유민주주의하의 보통선거를 통해 정당화된다.

　　자유주의적 권리는 국가에 의해 강제되지 않는다면 무의미해지는데, 이에 막스 베버는 '특정한 영토 내에서 정당한 폭력을 독점한 단체'라는 국가에 대한 유명한 정의를 제시하기도 했다. 국가의 영토에 대한 관할권은 사회계약에 동의한 개인들이 모여 집단적으로 차지하고 있는 지역에 상응한다. 그 국가 관할 지역 바깥에 거주하는 사람들은 존중받을 권리를 가지고 있으나, 이 권리가 해당 국가에 의해 반드시 강제되지는 않는다.

　　그러므로 제한된 영토 관할권을 가지고 있는 국가들은 중

대한 정치적 행위자로 남아 있는데, 그들만이 유일하게 정당한 폭력을 행사할 수 있기 때문이다. 오늘날 지구화된 세계에서 권력은 다국적기업에서부터 비영리단체, 테러조직 그리고 유럽연합이나 국제연합 같은 초국가적 단체에 이르기까지 다양한 형태의 조직체들에 의해 행사되고 있다. 국제 협조에 대한 필요성은 더없이 명백해지고 있는데, 그 이슈들은 지구온난화에서 팬데믹 극복, 항공 안전 규제 등을 망라한다. 그러나 특정한 형태의 권력, 즉 무력에 의한 위협 혹은 실제적 사용을 통해 법규범들을 강제할 수 있는 능력은 민족국가들의 통제하에 남아 있는 것이 사실이다. 유럽연합이나 국제항공운송협회는 자신들만의 경찰력이나 군대를 동원해 그들이 설정한 규칙들을 강제할 수 없다. 만약 누군가 그 규칙들을 위반한다면, 이 단체들은 여전히 그 규칙에 힘을 부여할 수 있는 국가들의 강압적인 능력에 궁극적으로 의존한다. 오늘날 많은 국제법이 존재하며, 유럽연합의 축적된 법령 및 판례는 여러 영역에서 국가 수준의 법률을 대체하기도 한다. 그러나 국제법은 결국 국가적 수준의 강제력에 계속해서 의지한다. 2010년 유로 위기나 2014년 난민 위기에서 그랬던 것처럼, 유럽연합의 구성국들이 정책의 중요한 사안들에 대해 서로 불일치할 경우 그 최종 결과는 유럽연합의 법이 아니라 구성국들의 상대적 힘에 의해 결정되었다. 다시 말해 궁극적 권력의 영역은 민족국가에 속해 있으며, 이는 민족국가 차원에서의 권력 통제가 여전히 중요함을 의미한다.

그래서 자유주의적 보편주의와 민족 공동체의 필요성은 반드시 모순되는 관계가 아니다. 인권이 보편적인 규범 가치를 지니고 있다면, 이를 강제할 수 있는 권력은 그렇지 않다. 이 강제력은 한정된 자원에서 나오는 것으로서 반드시 영토적으로 제한된 방식으로 적용될 수밖에 없다. 자유주의국가들은 서로 다른 수준의 권리를 시민과 비시민에 나누어 부과하는 것에 온전한 정당성을 갖는데, 이들은 보편적으로 권리를 보호할 수 있는 자원 혹은 법적 명령권을 가지고 있지 않기 때문이다. 국가의 영토 안에 있는 모든 개인들은 법률의 평등한 보호를 받을 자격이 있으나 오직 시민들만이 사회계약에서 온전한 참여자로서 특별한 권리와 의무를 지니는데, 특히 투표권이 이에 해당한다.

국가들이 강제적 권력의 중추로 남아 있다는 사실은 새로운 초국적 단체를 창설하고 이 단체에 그러한 권력을 부여하려는 제안에 대한 주의를 요청한다. 우리는 수백 년 동안의 경험을 바탕으로 국가적 수준에서 어떻게 사법 및 입법기관들을 통해 권력을 제한해야 하는지, 그리고 어떻게 권력의 균형을 유지하고 권력을 사용할 때 공통의 이해관계를 반영할 수 있는지를 습득해 왔다. 그러나 우리는 전 지구적 차원에서 어떻게 그러한 제도들을 수립할 수 있는지, 예를 들어 지구 행정의 자의적 결정을 제약할 수 있는 지구 법원이나 의회를 어떻게 창설할지에 대한 아이디어를 가지고 있지 않다. 유럽연합은 지역적 수준에서 이를 달성해 보고자 하는 가장 진지한 노력이다. 하지만 그 결과는 특정 영역(재정정책, 외교 업무)에서의 과도한 취약함과 다른 영역(경제 규제)에서의 과도한 힘으로 특징지어지는 어색한 시스템의 존재이다. 이는 유럽이 전 지구적 차원에서 보편적이진 않지만 적어도 특정한 공통의 역사와 문화적 정체성을 지니고 있기에 가능한 일이다.[01]

국가가 중요한 이유는 단지 폭력을 통제하기 위한 정당한 권력과 도구들의 핵심을 차지하기 때문이 아니다. 국가는 또한 공동체의 단일한 원천이 된다. 자유주의적 보편주의는 어떤 수준에서 인간적 사회성의 본성에 직면했을 때 사라져 버린다. 우리는 친구나 가족과 같이 가장 가까운 사람들에게 가장 강한 애착심을 느낀다. 지인의 범위가 넓어지게 되면 그 거리에 비례해 우리의 애착에 따른 의무감은 불가피하게 옅어진다. 인간 사회가 수 세기 동안 더욱 확대되고 복잡해지면서, 연대감의 경계는 가족과 마을 그리고 부족에서 국가 전체로 극적으로 확장되었다. 그러나 모든 인간 전체를 사랑하는 사람은 거의 없다. 대다수 세상 사람들에게 국가는 그들이 본능적인 충성심을 느끼는 연대의 가장 큰 단위다. 실제로 이 충성심은 국가적 정당성의 중대한 버팀목이 되어 국가가 지닌 통치 능력의 토대를 제공한다. 우리는 오늘날 전 세계에서 취약한 국가적 정체성을 지닌 사회들의 비참한 결과들을 목도하고 있는데, 나이지리아나 미얀마처럼 고군분투하는 개발도상국들에서부터 시리아, 리비아 혹은 아프가니스탄과 같은 실패한 국가들의 경우이다.[02]

이와 유사한 주장은 요람 하조니의 2018년 저서 『민족주의의 미덕The Virtue of Nationalism』에서 전개되었는데, 이 책에서 그는 민족국가의 주권에 기초한 지구적 질서를 주장했다.[03] 그가

적절하게 경고한 점은 미국과 같은 자유주의국가들이 나머지 세계를 자신들만의 이미지로 재창조하려는 시도가 너무 지나친 경향이 있다는 것이다. 그러나 그가 국가들이 뚜렷한 문화적 단위들로 구분되어 있으며, 평화로운 지구 질서는 그 국가들의 원래 모습을 그대로 받아들일 때 수립될 수 있다고 가정한 것은 잘못이다. 오늘날의 국가들은 정복, 폭력, 강제적 동화 그리고 문화적 상징의 의도적 조작이 종종 포함된 역사적 투쟁의 산물이자 사회적으로 구성된 것이다. 국가정체성에는 더 좋은 것과 함께 더 나쁜 것도 있으며, 각 사회는 이 정체성들을 선택하는 역할을 수행할 수 있다.

특히 국가정체성이 인종, 민족성 혹은 종교적 유산과 같은 고정된 특성에 기초하고 있다면, 이것은 곧 잠재적으로 배타적인 범주로 작용해 평등한 존엄성이라는 자유주의의 원칙을 위반하게 된다. 그래서 국가정체성의 필요성과 자유주의적 보편주의 간에는 비록 **필연적인** 모순은 없을지라도, 두 원칙들 간에는 강력한 잠재적 긴장의 지점이 존재한다. 이런 조건에서 국가정체성은 20세기 초반 유럽에서 그랬던 것처럼, 공격적이고 배타적인 민족주의로 변질될 수 있다.

이러한 이유로 자유주의 사회는 규범적인 차원에서 인종, 민족성 혹은 종교적 유산 같은 고정된 정체성에 근거해 집단을 인식하지 말아야 한다. 그러나 때때로 이런 인식이 불가피한 시기가 존재하며, 이때 자유주의 원칙은 적용되기 어렵다. 세계의 많은 지역에서 여러 민족, 종교적 집단이 수 세대에 걸쳐 같은 영토를 차지하면서 각자가 그들만의 두터운 문화와 언어의 전통을 유지하고 있는 경우들이 있다. 서아시아, 발칸반도 그리고 남아시아와 동남아시아의 많은 지역에서 민족적 혹은 종교적 정체성은 사실상 대다수 사람들에게 필수적인 특성이다. 이렇게 다른 정체성들을 더 광범위한 국가 문화로 동질화하는 것은 매우 비현실적이다. 그러나 문화적 단위를 중심으로 자유주의 정치의 한 형태를 조직화하는 것은 가능하다. 예를 들어 인도는 복수의 국가 공용어들을 인정하고 각 주가 교육과 법체계에서 자신만의 정책을 세울 수 있게 예전부터 허용해 왔다. 연방주의와 국가 하부 단위들로의 권력 이양은 종종 이런 다양성을 지닌 국가들에서 필수적이다. 정치학자들이 '문화 집단들 간 협의주의consociationalism'라 부르는 구조 아래, 권력은 형식상 문화적 정체성에 의해 구별되는 서로 다른 집단들로 분배될 수 있다. 이 구조는 네덜란드에서 합당한 수준에서 잘 작동한 반면, 정체성 집단들이 서로 간의 제로섬 투쟁에 갇혀 있다고 인식하는 레바논, 보스니아, 이라크 같은 지역에서는 큰 화를 불러왔다. 그러므로 각 문화적 집단들이 자기중심적인 단일체로 공고화되지 않은 사회에서는, 시민들을 특정한 정체성 집단의 구성원보다는 개인들로서 대하는 것이 훨씬 낫다.

다른 한편, 국가정체성의 또 다른 측면은 이것이 자발적으로 수용될 수 있고, 문학적 전통, 공유된 역사적 서사와 언어에서부터 음식 그리고 스포츠에 이르기까지 더 넓게 공유될 수 있다는 것이다.

    퀘벡, 스코틀랜드 그리고 카탈루냐는 모두 뚜렷이 구분되
는 역사와 문화적 전통을 가진 지역으로서, 이들 지역에는 그들
이 속한 국가로부터 완전한 분리를 추구하는 민족주의 정파들
이 존재한다. 확실한 것은 체코공화국과 슬로바키아가 그랬던
것처럼 이들은 분리 이후에도 계속해서 개인의 권리를 존중하
는 자유주의 사회로 남고자 한다는 것이다. 이것은 분리주의가
바람직하다는 것을 의미하는 것이 아니라, 다만 분리주의와 자
유주의는 서로 상충될 필요가 없다는 것을 말한다. 자유주의이
론에는 그러한 분리의 요구들에 어떻게 대처해야 하는지와 자
유주의국가들 간의 국경을 정하는 방식을 논하는 데 큰 공백이
존재한다. 따라서 실제 결과들은 원칙에서 기인하기보다는, 다
양한 실용적인 차원의 경제적 그리고 정치적인 고려들 간의 밀
고 당김 속에서 나타났던 것이다.

    국가정체성은 명백한 위험성을 내포하지만 또한 기회를 드
러내기도 한다. 국가정체성은 하나의 사회적 구성물로서 자유
주의적 가치를 손상시키기보다는 지지하도록 형성될 수 있다.
국가들은 역사적으로 다양한 인구 집단으로 주조되어 왔고, 국
가의 다양한 구성원들은 귀속적ascriptive 집단 범주보다는 정치
적 원칙이나 이상에 기반할 때 강한 공동체 감각을 느낄 수 있
다. 미국, 프랑스, 캐나다, 호주, 그리고 인도는 모두 최근에 인
종, 민족이나 종교가 아니라 정치적 원칙들에 기반한 국가정체
성 구축을 추진해 왔다. 미국은 지난한 과정 속에서 미국인이
된다는 것은 무엇을 의미하는가를 재정의하면서 계급, 인종 그

리고 젠더에 기초한 시민권의 장벽을 진보적으로 제거해 왔고,
이 과정에서 발생한 반발의 흐름은 여전히 끝나지 않고 있다.
프랑스에서는 국가정체성의 구성이 프랑스혁명에서 제시된
「인간과시민의권리선언」과 함께 시작되었고, 이 선언은 공통의
언어와 문화에 기초한 시민권의 이상을 수립했다. 캐나다와 호
주는 둘 다 20세기 중반에 백인 다수가 지배적인 인구를 차지하
면서 이민과 시민권과 관련해서 제한적인 법률을 가지고 있었
는데, 특히 호주의 '백호주의White Australia' 정책은 악명이 높았
다. 그러나 두 나라 모두 1960년대 이후 국가정체성을 비인종적
기준에 따라 재구성했고, 미국처럼 국가를 개방하여 엄청난 이
민자들을 받아들였다. 오늘날에는 두 국가 모두 미국보다 많은
해외 출신 인구들을 보유하고 있으며, 집단적 양극화와 백인들
의 반발은 오히려 미국보다 적은 상황이다.

   그럼에도 불구하고, 우리는 심하게 분열된 민주주의 체제
에서 공통의 정체성을 만들어 내는 것이 어렵다는 점을 경시하
지 말아야 한다. 우리는 대다수 현대 자유주의 사회들이 역사적
국가들의 토대 위에 구축되었고, 이들의 국가정체성의 이해는
비자유주의적 방식을 통해 주조되어 왔다는 사실을 종종 망각
한다. 프랑스, 독일, 일본 그리고 한국은 모두 자유민주주의가
되기 이전에 민족 공동체였다. 반면 미국은 많은 이들이 강조해
왔다시피 하나의 국민 공동체가 되기 전에 국가였다.[04] 자유주
의적 정치 용어로서 이 국민nation을 정의하는 길은 길고 힘들며
때로는 폭력을 수반하는 과정이었고, 심지어 오늘날은 좌파와

우파 모두 국가의 기원에 관한 서로 다른 서사들을 제기하고 날카롭게 경쟁하면서 더욱 어려운 상황이 되었다.

만약 자유주의가 더 넓은 국가적 목적 없이 단지 평화롭게 다양성을 조율하는 메커니즘에 그치는 것으로 이해된다면, 이러한 시각은 중대한 정치적 취약성으로 간주될 수 있다. 1945년 전후 시기 유럽인들이 그랬던 것처럼, 폭력, 전쟁 그리고 독재를 경험한 사람들은 자유주의 사회에서 살기를 바란다. 그러나 자유주의 정체의 평화로운 삶에 익숙해지게 되면, 사람들은 평화와 질서를 당연시하고 더 높은 목표들을 향하는 정치를 바라기 시작하는 경향이 있다. 1914년, 유럽은 거의 한 세기 동안 파괴적인 갈등상태에서 벗어나 있었고, 그 사이에 엄청난 물질적 진보가 있었음에도 수많은 대중은 기꺼이 전쟁에 나섰다.

우리는 아마도 인류 역사에서 비슷한 시점에 서 있는지도 모른다. 지금의 세계는 한 세기의 사분의 삼을 차지한 기간 동안 지속되었던 대규모 국가 간 전쟁에서 벗어나게 되었고, 그 와중에 전 지구적 번영의 크나큰 증대와 이에 따른 거대한 사회적 변화를 목도했다. 유럽연합은 세계대전을 야기했던 민족주의에 대한 대응책으로 창설되었고, 이런 면에서는 모든 기대를 넘어설 정도로 성공적이었다. 그러나 대중의 기대는 여전히 더 빠르게 커지고 있다. 젊은이들은 유럽연합이 평화와 번영을 만드는 데 기여한 것에 고마워하지 않는다. 오히려 그들은 유럽연합이 편협한 관료제적 압박을 가한다고 불평한다. 자유주의의 핵심에 내재한 취약한 공동체 감각은 이런 상황에서 더욱 큰 부담으로 작용하고 있다.

자유주의적 국가정체성의 긍정적 전망은 다양성의 성공적 조율과 폭력의 부재를 넘어서 더욱 많은 의미가 있다. 자유주의자들은 애국주의와 문화적 전통에 대한 호소를 기피하는 경향이 있으나 그렇게 해서는 안 된다. 하나의 자유롭고 개방된 사회로서의 국가정체성은 자유주의자들이 자랑스러워해야 하는 것이며, 국가정체성을 경시하는 그들의 경향은 이러한 기반을 강조하는 극우파들에게 오히려 자리를 내주었다. 최근 수십 년간 유럽과 미국에서 시민들에게 부여된 특권들은 점차 법원에 의해 침식되어 왔으며, 시민과 비시민의 구분 기준으로 남아 있는 투표권마저도 도전받아 왔다.[05] 시민권은 사회계약의 수용을 위한 양방향의 협상을 수반하면서 동시에 자긍심의 지점이 되어야 한다. 자유주의적 미국의 정체성에 대한 약속은 소설가 마이클 샤아라Michael Shaara에 의해 포착되었는데, 샤아라가 소설에서 묘사한 조슈아 체임벌린 대령은 북군의 군인으로서 남북전쟁 당시 게티즈버그전투의 승리에 기여한 인물이다. 소설에서는 다음과 같이 그의 생각을 그린다.

[체임벌린은] 미국과 개인에 대한 믿음 속에 성장했으며, 이는 신에 대한 믿음보다 강했다. 여기는 아무도 굽실거릴 필요가 없는 땅이었다. 이곳에서는 마침내 인간이 과거로부터 자유롭고, 전통과 혈연 그리고 충성심의 저주로부터 해방되어 자립할 수 있었고, 그가 원하는 대로 될 수 있었다. 이렇게 믿기지 않을

만큼 아름답고 새롭고 깨끗한 땅 위에 노예제가 존재한다는 사
실은 소름끼치는 것이었으나, 더욱 무서웠던 것은 심지어 유럽
구체제의 공포, 귀족제의 저주를 남부가 새로운 땅에 이식하고
있다는 사실이었다. (…) 그는 인간의 존엄성을 위해 싸웠고, 그
러한 방식으로 자신을 위해 싸웠다.06

　　역사적으로 자유주의 사회들은 경제성장의 엔진, 새로운
기술의 창조자 그리고 역동적인 예술과 문화의 제작자였다. 이
는 분명 그들이 자유롭기 때문에 일어났던 일이다. 자유주의 사
회가 이룬 것들의 목록은 고대 그리스 아테네에서 시작하는데,
지도자 페리클레스는 다음과 같이 아테네를 칭송한다.

　　　　우리에게는 민주주의라 불리는 (…) 통치 형태가 있습니다.
여기서 사적 논쟁을 다루는 데에 모든 사람은 법적으로 평등하
나, 공적 책임의 위엄을 부여하는 데에는 한 사람이 다른 사람보
다 더욱 선호됩니다. 이러한 차별은 그의 평판에 따라서, 즉 그
의 가문이 아니라 오직 그의 덕성에 따라 행해집니다. 또한 그가
공화국을 위해 좋은 역할을 할 수 있는 한, 가난하다고 경시되지
않습니다. 그리고 우리는 정부의 운영에서 자유로울 뿐만 아니
라, 일상적 삶에서 접촉하면서 서로 시기하지 않습니다. 그 누구
도 자신만의 기질을 따르는 데에서 공격받지 않으며……07

　　북부 이탈리아의 피렌체, 제노바 그리고 베네치아와 같은

도시국가들은 민주정이라기보다는 과두정에 가까웠지만, 주변을 둘러싼 중앙집권적 왕국과 제국들보다 훨씬 더 자유주의적이었고 르네상스 시기 이후 계속해서 예술과 사상의 중심이 되었다. 자유주의 네덜란드는 17세기 황금시대를 누렸고, 자유주의 영국은 산업혁명의 창조자가 되었다. 자유주의 도시 빈은 구스타프 말러Gustav Mahler, 지그문트 프로이트Sigmund Freud 그리고 후고 폰 호프만슈탈Hugo von Hofmannstahl의 고향으로서, 20세기 초반 독일 그리고 여타 민족주의가 대두하면서 쇠퇴했다. 이후 등장한 자유주의 미국은 재즈부터 할리우드에서 힙합, 실리콘밸리 그리고 인터넷에 이르기까지, 지구적 문화의 주요 생산자로서 폐쇄된 사회에서 도피해 온 난민들을 수십 년 동안 환영하였다.

자유주의 사회의 능력은 바로 미래의 지구 정치를 결정지을 혁신, 기술, 문화 그리고 지속 가능한 성장을 품어 낼 수 있다는 점이다. 시진핑은 중국이 권위주의적인 조건에서 전 세계를 좌우하는 강국이 될 수 있으며 서구, 그중에서도 특히 미국은 궁극적으로 쇠퇴할 것이라고 주장해 왔다. 이 자유롭지 않은 정치적, 경제적 모델이 앞으로 혁신과 성장을 산출해 낼 수 있을지 혹은 매력적인 지구적 문화와 같은 것을 만들어 낼 수 있을지 현재로는 알기 어렵다. 지난 40년 동안의 중국의 놀라운 성장 스토리는 많은 부분 이 나라가 자유주의에 일정 기간 매혹당한 결과로서, 중국 경제의 개방은 1978년 덩샤오핑의 개혁 그리고 역동적인 민간 영역의 창출과 함께 시작되었다. 중국의 육

중한 국유기업들이 아니라, 바로 이러한 민간 영역이 이 나라의 첨단기술 성장의 대부분을 가능하게 한 것이다. 오늘날 중국은 경제적 성공과 기술적 능력으로 널리 부러움을 사고 있다. 그러나 중국의 자유롭지 않은 사회적 모델은 그만큼 인정받지 못하고 있고, 중국 시민이 되고자 하는 사람들은 그렇게 많지 않다.

　미래에 대해 아직 답변되지 않은 질문은 자유주의 사회가 스스로 배태한 내부적 분열을 극복할 수 있는지에 관한 것이다. 다양성을 다스리기 위한 제도적 메커니즘으로서 시행된 것은 새로운 형태의 다양성을 낳아 그 메커니즘 자체를 위협하고 있다. 따라서 자유주의 사회가 세계적으로 대두하고 있는 권위주의적 세력들과 경쟁하고자 한다면, 자신이 나아갈 경로를 바로잡을 필요가 있다.

10

자유주의 사회를 위한
원칙들

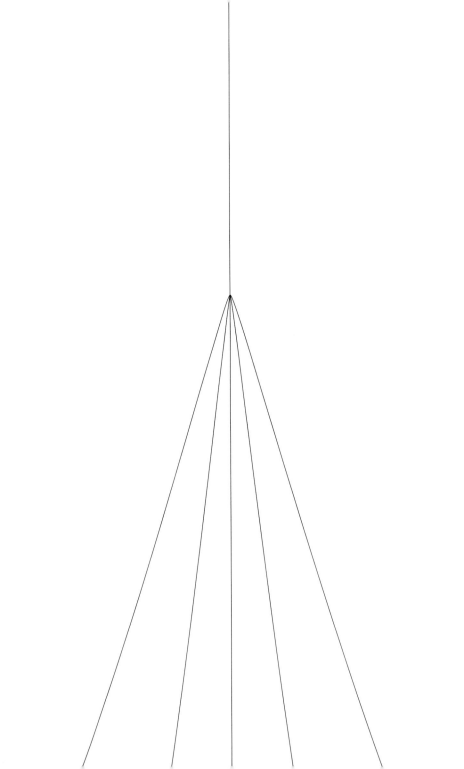

이 책은 고전적 자유주의의 이론적 토
대와 함께, 자유주의가 여러 불만과 반대를 생성해 온 몇 가지
이유를 제시하고자 했다. 자유주의가 하나의 정부 형태로서 보
존되고자 한다면, 우리는 이러한 불만의 원천들에 대해서 이해
할 필요가 있다. 이를 이해하면 실업, 보건정책, 세금에서부터
경찰, 이민 그리고 인터넷 규제에 이르기까지, 오늘날 자유주의
를 향한 분노와 그것의 불안정성을 완화하기 위한 정책적 대응
의 긴 목록을 산출할 수도 있을 것이다. 그러나 나는 그런 방향
을 추구하기보다는 기초적인 이론들에서 출발해서 더 구체적
인 정책 형성의 가이드라인을 제시할 수 있는 어떤 일반적 원칙
들의 윤곽을 제시하고자 한다.

이러한 원칙들의 많은 부분은 특히 미국에 적용될 수 있을
것이다. 미국은 오랫동안 세계를 주도하는 자유주의 강국으로
서 존재했고, 지난 세월 전 세계 많은 사람들에게 '자유의 등대
beacon of liberty'가 되어 왔다. 하지만 다른 곳에서 나는 미국적 제
도가 시간이 흐르면서 쇠퇴해 왔고, 이제 경직되어 개혁하기 어

렵게 되었으며 엘리트들에 의해 포획된 채로 어려움을 겪는다고 주장한 바 있다. 미국 제도의 복잡한 헌법적 구조가 담고 있는 견제와 균형이 증대하는 정치적 양극화와 합쳐지게 되면서, 이 제도들은 마비되어 연간 예산의 통과 같은 수많은 기본적인 국정 운영 과제들에 대비하지 못하게 되었다. 이런 상황을 나는 '비토크라시'라 지칭했다.[01] 만약 미국이 이 근저에 놓인 구조적 문제들을 바로잡지 못한다면, 세계에 대두하는 권위주의 세력들과 효과적으로 경쟁할 수 없을 것이다. 미국에서 보이는 많은 문제들은 다른 자유민주주의 국가들에 또한 영향을 주기에, 미국이 자유주의 원칙을 표명하고 방어하는 능력은 다른 국가들의 상황에도 광범위하게 적용될 문제가 될 것이다.

고전적 자유주의가 다양성을 다스릴 수 있는 수단으로 이해될 수 있는 반면, 민족주의-포퓰리스트 우파와 진보좌파 모두는 그들 사회에 존재하는 실제적 다양성을 수용하는 데 문제가 있다. 민족주의-포퓰리스트 우파의 핵심 강경 세력은 소위 민족적 국가주의자ethno-nationalist라 부를 수 있는데, 이들이 2021년 6월 미국 국회의사당 폭동을 대변하는 자들이다. 그들이 두려워하는 다양성은 인종, 민족, 젠더, 종교 그리고 성적 지향과 같은 범주들과 연관되어 있다. 이런 두려움은 미국의 변화하는 인구구성, 그리고 자신들과 같은 백인종이 이민자들 혹은 도시에 점차 증대하는 세속화된 전투적 진보주의자들에 의해 '밀려날replaced' 수 있다는 가능성에서 비롯된다.

오늘날 미국의 보수주의자들이 직면한 도전은 역사적으로

다른 보수주의자들이 직면했던 것과 크게 다르지 않은 것으로서, 이 보수주의자들은 항시 인구학적 변화와 사회적 변동을 문젯거리로 삼았다. 19세기와 20세기 초반 유럽, 특히 영국과 독일에서 보수주의 정당의 주요한 사회적 기반은 기존의 사회적 위계질서에 의존하고 있던 토지 소유주들, 그리고 산업화를 삶의 방식에 대한 위협으로 보았던 특정 귀족 그리고 중산층 집단이었다. 모든 사회는 농민들이 농촌을 떠나고 도시 인구가 증가하면서 급속한 변동을 겪고 있었다. 그러한 상황에서 도시 인구는 점점 더 크게 동원되었다. 노동조합이 형성되기 시작했고, 사회주의와 공산주의 정당들이 이 새로운 노동계급의 토대 위에 성립되었다. 아르헨티나는 20세기 초반에 이와 유사한 상황에 처했는데, 여기서 대지주와 기업가 들은 좌파 정당이 조직한 도시 노동자계급의 성장과 일련의 선거에서 이들의 투표 비율이 상승하는 것을 두려워했다.

보수 세력들에겐 변화하는 인구구성 속에서 두 가지 선택지가 있었다. 하나는 권위주의적 방향을 확실하게 추구해, 민주적 선거를 없애거나 선거 결과를 조작해 권력을 순전히 강탈하는 것이었다. 독일의 보수주의자들은 우선 1871년 비스마르크의 독일 통일 후 선거권을 통제하고 입법권을 제한하려고 시도했다. 결국 많은 독일 보수주의자들의 경우 극좌파에 대한 대안으로 히틀러와 그의 나치 정당을 지지하는 데에 그들의 영향력을 사용하는 것으로 귀결되었다. 아르헨티나에서 보수주의자들은 1930년대의 군사쿠데타를 지지했고, 이는 다음 두 세대에 걸쳐 발생했던 몇 번의 쿠데타 사태 중 첫 번째 것이었다.

다른 한편, 영국의 보수주의자들은 이들과는 다르게 사회 변동을 받아들이고 조율하는 방향을 추구했다. 보수당 출신 수상이었던 벤저민 디즈레일리Benjamin Disraeli는 1867년 2차 개혁 법안Second Reform Bill을 밀어붙여 선거권을 광범위하게 확대했다. 동료 보수주의자들은 그를 같은 계급에 등을 돌린 배신자로 비난했다. 그러나 대니얼 지블랫Daniel Ziblatt이 보여 주듯이, 디즈레일리는 이를 통해 19세기의 남은 기간 동안 향후 영국 정치에서 보수당 지배의 기틀을 놓았다.[02] 즉 새롭게 투표권을 부여받은 이들이 보수당 정치인들을 지지할 많은 이유들을 찾게 되었는데, 애국주의와 영국의 제국화에 대한 지지 등이 여기에 포함되었다. 증대하는 사회계급의 다양성과 그것이 기초한 사회 변동을 포용하면서 영국의 민주주의를 공고화한 것은 보수주의자들이었다.

현대 미국의 보수주의자들은 오늘날 유사한 선택 상황에 직면해 있다. 급진적 보수주의자들은 폭력이 좌파로부터 자기들을 보호하는 유일한 길인 것처럼 스스로 확신했다. 이 집단이 반민주적인 권력 강탈을 위해 미국 군대의 힘을 얻게 될 가능성은 희박하다. 그러나 이 인구 집단이 얼마나 총기를 소유하고 있는지 살펴보면, 이들의 즉각적인 폭력 사용이 향후 지속적인 문제가 되리라고 쉽게 예상된다.

훨씬 더 심각한 위협은 보수주의 세력이 투표권을 제한하고 선거를 조작하려는 시도를 명시적으로 드러내고 있다는 것이다. 이러한 모습은 2020년 11월 대통령 선거 한참 전에 시작되기는 하였으나, 트럼프가 스스로를 대규모 부정선거의 희생자라고 주장하면서부터 보수당의 주요한 관심사가 되었다. 트럼프 자신이 인정했듯이, 투표 가능한 미국인들이 전부 선거에 참여한다면, "이 나라에서 다시 공화당 후보가 당선되지 않을 것이다".03

트럼프의 어젠다를 지지하는 많은 보수주의자들은 민주주의의 아이디어와 원칙적으로 결별하지 않는다. 그들은 선거 결과가 반대 정당에 의해 조작되었다는 전직 대통령 그리고 그와 같은 편인 미디어 세력이 그렇게 말하는 것을 정직하게 믿을 뿐이다. 이는 그들이 권위주의적인 본능을 가지고 있기보다는 정보와 미디어 시스템이 그들의 선입견을 승인하고 동기화된 추론을 통해 이런 정보를 지지한 탓이다. 그럼에도 불구하고 이는 향후 선거 결과를 뒤엎을 필요성을 기대하는 반민주주의적인 성격을 지닌 것으로, 결국 공화당을 반민주주의적인 정당으로 변질시켰다.

말할 것도 없이 이러한 반민주적 방법에 의지하는 것은 건강한 정치를 위한 처방이 아니며 미국의 자유민주주의에 실존적인 위협을 초래한다. 이러한 방향 대신에 보수주의자들은 디즈레일리 교본의 한 페이지를 따르면서, 많은 유권자들이 우파적 정체성 정치가 아니라 보수주의 정책의 매력에 끌릴 수 있음을 인식하고, 인구통계학적 변동을 받아들일 수 있다. 2020년 선거는 많은 소수집단들의 공화당 후보들에 대한 지지가 증대

하고 있음을 보여 주었다. 이는 다수의 유권자들이 민족-국가
주의적 어젠다 이외에도 공화당에 투표할 다른 이유들을 가지
고 있음을 시사한다. 최근의 많은 이민자 집단들은 사회적으로
보수 성향을 띠고 있으며, 현재 좌파적 정체성 정치에 의해 제
시된 것이 아닌 더욱 오래된 형태의 아메리칸드림을 계속해서
바란 사람들이다. 그들은 진정한 보수주의 다수파의 토대를 구
성할 수 있는 존재들이지, 선거 체계 조작의 산물이 아니다.

이러한 현실은 보수주의자들이 고전적인 자유주의 원칙을
끌어안아야 함을 의미한다. 그들은 인구학적 다양성의 사실을
수용하고 이를 보수주의 가치를 지탱하는 데 활용해야 하며,
그들의 가치관을 정체성의 고정된 양상들에 묶어 놓아서는 안
된다.

진보좌파 측에도 국가의 실제적 다양성을 포용하는 데 유
사한 문제가 존재한다. 이들에게 다양성은 우선적으로 인종, 민
족, 젠더 그리고 성적 지향과 연계된 특정한 유형의 사회적 차
이를 지칭한다. 여기에는 종종 정치적 다양성 혹은 보수적 기독
교인들이 지니는 종교적 관점들의 다양성이 포함되지 않는다.
비판이론이 세워 놓은 지적 구조물 안에서 진보주의자들은 사
회의 전체적 구성 요소를 이전 시대의 특권에 부당하게 집착한
인종주의적, 가부장적 권력구조의 일부로 간주한다. 여기서 임
신중지와 동성결혼과 같은 이슈들에 대해 깊게 자리 잡은 종교
적 믿음들은 중요한 도덕적 문제들에 관해 수용 가능한 차원의
대안적 이해가 되지 않는다. 이런 믿음은 단지 뿌리 뽑혀야 할

고집과 편견의 사례들일 뿐이다.

　　진보주의자들이 나름 받아들여야 할 사실은 나라의 거의 절반에 달하는 사람들이 그들의 목표와 방법에 동의하지 않으며, 그들이 조만간 어느 시점에 투표소에서 반대자들을 확실하게 압도하는 일은 일어나지 않을 것이라는 점이다. 보수주의자들은 국가의 인종적, 민족적 혼합에 따른 변화와 함께 여성들이 전문적으로 혹은 사적으로 가장 넓은 범위에서 여러 지위들을 차지해 나갈 것이고, 이에 따라 젠더 역할이 심오하게 변화하고 있다는 사실을 받아들일 필요가 있다. 하지만 진보와 보수 양측 모두 조용히 바라고 있다. 그들의 동료 시민들 중 대다수가 은밀하게 자신들에게 동의하고 있으며, 단지 미디어의 조작과 다양한 엘리트들의 선전에 의해 만들어진 잘못된 의식 속에서 동의의 표현을 방해받고 있을 거라고 내심 기대하는 것이다. 이러한 양측의 모습은 각 정파를 지지하는 사람들이 현실의 다양성을 간단히 저버리도록 만드는 위험한 회피적 태도에 불과하다. 고전적 자유주의는 그 어느 때보다 오늘날 절실한데, 미국(뿐만 아니라 다른 자유민주주의 국가들)에서 다양성의 정도가 이전보다 더욱 높아졌기 때문이다.

　　이렇게 서로 다른 다양성의 양상들을 관리하는 데 도움을 주는 몇 가지 자유주의적 원칙들이 있다. 우선, 고전적 자유주의자들은 정부의 필요성을 인정할 필요가 있고, 국가를 경제성장과 개인적 자유에 불가피한 적으로 악마화했던 신자유주의 시대와 결별해야 한다. 신자유주의적 시각과 반대로 근대 자유민주주의가 제대로 작동하기 위해서는 정부에 대한 높은 수준의 신뢰가 있어야 하는데, 이는 맹목적인 것이 아니라 중대한 공공의 목표들에 기여하는 정부의 역할에 관한 인식에 기초한 신뢰를 말한다. 오늘날 미국에서는 시민들이 가장 이상한 음모론들에 사로잡혀 있는 상황을 보게 되는데, 이들은 정부가 정체불명의 엘리트들에 의해 조작되어 자기들의 권리를 빼앗을 거라고 믿고 있으며, 정부로부터 그들을 보호하기 위해 무력을 사용할 필요성을 주장하며 스스로를 무장하고 있다. 국가에 대한 두려움과 혐오는 좌파에서도 존재해 왔다. 좌파 측의 많은 이들은 국가가 강력한 기업 이익단체들에 의해 포획되었으며, CIA와 미국 국가안전보장국은 일반 시민들을 사찰하며 권리를 침해하고, 경찰은 백인들의 특권을 우선시하며 권력을 행사한다고 믿는다. 진보와 보수 모두 정부를 무능하고 부패했으며 부당하다고 치부해 버리는 것이다.

　　자유주의국가의 가장 시급한 이슈는 정부의 크기 혹은 범위와 관련되지 않음에도, 지금껏 수십 년 동안 좌파와 우파는 이 문제를 두고 충돌해 왔다. 그러나 정작 중요한 이슈는 정부 운영의 질이다. 국가 역량, 즉 충분한 인적, 물적 자원을 가지고 영토 내 인구에게 필요한 서비스를 공급할 수 있는 정부의 필요성을 회피할 길은 없다. 근대국가가 비인격적impersonal이라는 말은, 국가가 모든 시민들을 평등하고 단일한 기초 위에서 관계 맺도록 해야 하며, 이 과정에서 특정한 시점에 권력을 산출하는 정치인들과의 사적, 정파적 혹은 가족적 유대가 개입해서는 안

된다는 것을 함의한다. 근대국가는 거시경제정책에서 보건, 전자파 규제 그리고 일기예보에 이르는 광범위하고 복잡한 정책 이슈들을 모두 다뤄야 하고, 이런 일들을 잘 수행하려면 공적 목표에 대한 의식이 강하고 잘 교육받은 전문가들을 활용할 필요가 있다.

　자유주의국가는 장기적 차원의 경제성장에 매우 성공적이었지만, 국내총생산의 통계가 유일한 성공의 척도가 될 수는 없다. 성장의 분배와 소득 및 부의 평등성 유지는 경제적 그리고 정치적 이유 둘 다에서 중요하다. 만약 불평등이 너무 지나치게 증대하면, 경제적 총수요는 정체될 것이고 체제에 대한 정치적 반발도 증가할 것이다. 부나 소득을 재분배한다는 아이디어는 많은 자유주의자들에게 저주가 되어 왔지만, 모든 근대국가들이 작든 크든 자원을 분배해 온 것도 사실이다. 국가의 과제는 사회적 보호를 지속 가능한 수준에서 설정하는 것이며, 이때 사회적 보호는 개인들의 인센티브를 감소시키지 않으면서 장기적 차원에서 공공 재정에 의해 뒷받침될 수 있어야 한다.

　다음으로 제시될 수 있는 두 번째 자유주의 원칙은 연방주의(혹은 유럽적인 용어로는 보완성 원칙subsidiarity)를 진지하게 받아들이고, 권력을 적절하게 가장 낮은 수준의 지방정부로 이관하는 것이다. 보건과 환경 같은 영역에서 많은 야심찬 연방주의 정책들은 국가 수준에서 통합적 시행이 있을 것이라는 기대 속에 시행되었다. 연방주의를 진지하게 취한다는 것은 폭넓은 차원의 정책 이슈들에서 낮은 수준의 지방정부에 권력을 이전하되, 이런 차원에서 시민들의 선택이 반영될 수 있게 한다는 것이다. 보건과 환경 같은 정책 영역에서는 공통의 기준을 적용하는 것이 더욱 바람직하지만, 궁극적으로는 민주적 자치정부의 원칙이 이러한 통합적 적용 기준보다 우위에 서야 한다. 일반적으로 지방정부인 도, 군, 읍 등은 쓰레기 하치나 치안과 같은 즉각적인 문제들을 다루어야 하고, 따라서 문제 접근에서 보다 실용적인 경향이 있다. 최근 미국 정치에서 주요한 이슈들 중 하나는 이러한 지역 수준의 자치가 국가 수준의 양극화에 의해 병들어 온 양상에 대한 것으로, 이 양극화 과정에서 지역의 상황에 대응하는 정부의 능력이 어려움을 겪어 왔다.

그러나 어떤 주州정부 수준의 결정들은 실제로 가장 기본이 되는 헌법적 권리들에 도전하며 자유민주주의 기본 성격 자체에 영향을 주기도 한다. "주정부의 권리States' rights"라는 기치는 노예제 그리고 이후의 짐크로법을 옹호하는 데 쓰였고, 이러한 상황에서 연방정부는 주정부들이 아프리카계 미국인들의 법적 평등을 수용하도록 강제하는 데에 중대한 역할을 했다. 그러나 불운하게도 이 문제는 미국 정치에서 다시 반복되고 있다. 많은 주들에서 공화당이 주도하는 의회는 민주적 선거의 결과를 사실상 뒤엎을 수 있게 하면서, 아프리카계 미국인들이 선거에서 투표하기 어렵도록 만드는 법안을 통과시켰거나 제청 중이다. 투표의 권리는 의심할 여지 없이 수정헌법 제15조에 의해 보장된 것이다. 투표권은 기본권으로서 국가 정부 차원의 권력으로 보호될 필요가 있다.

다음으로 필요한 세 번째 일반적 자유주의 원칙은 의사 표현의 자유를 적절한 이해의 한도 내에서 보호하는 것이다. 의사 표현의 자유는 정부 권력에 의해 위협받기 때문에 지속적인 관심 영역이 되고 있다. 그러나 이는 또한 사적인 권력에 의해서도 위협받을 수 있는데, 이러한 위협은 미디어 조직이나 인터넷 플랫폼에서 특정한 목소리를 인위적으로 확장하는 형태로 발생한다. 이에 대한 적절한 대응은 국가가 사적 행위자들의 의사 표현을 직접적으로 규제하는 것이 아니라, 우선적으로 독과점 방지법이나 경쟁 규제법을 통해 사적 권력이 큰 규모로 축적되는 것을 막는 것이다.[04]

자유주의 사회는 각 개인들 주변의 사생활 영역을 존중할 필요가 있다. 사생활의 보호는 민주적 심의와 타협을 증진하는 데 필수적 조건으로서, 각 개인들이 자신들의 시각에 솔직해지기를 기대한다면 반드시 요청된다. 이는 또한 관용에 관한 자유주의 원칙의 파생물이기도 하다. 한 사회의 실제적 다양성을 인정하는 가운데, 시민들은 서로에게 생각의 단일성을 요구하지 **않는다.** 이것이 미국 수정헌법 제1조의 기본을 이루는 원칙일 뿐 아니라, 자유로운 의사 표현의 권리가 세계의 여타 국가들에서 기본법으로서 신성시되고 있는 이유이다. 그러나 미국 연방정부는 최근 들어 젊은이들의 성 관련 행태뿐만 아니라, 그들이 성 자체에 대해 생각하는 방식까지 규제하려는 듯한 모습을 위험할 정도로 보이고 있다.[05]

의사 표현, 특히 공적 의사 표현은 그럼에도 불구하고 일군의 규범들에 의해 다스려져야 하며, 어떤 것은 국가에 의해 규제되어야 하는 반면 다른 것들은 사적인 주체들에 의해 강요되는 편이 더 낫다. 자유주의 사회들이 각각의 궁극적 목표에 대해서는 일치하지 않겠지만, 만약 기본적 사실들에 대해서조차 동의하는 데에 실패하고 인식적 상대주의로 빠져드는 경향을 되돌리지 않는다면 이 사회는 제대로 기능하기 어렵다. 사실적 정보들을 결정하기 위한 검증된 기법들은 법정의 판결 과정, 언론의 전문성 그리고 과학을 다루는 학문 공동체들에서 수년간 활용되어 왔다. 이러한 제도들 중 일부가 주기적으로 오류나 편견에 빠질 수 있다는 사실은 그 제도가 정보의 원천으로서 지닌 특권을 상실해야 한다거나, 인터넷에서 표현된 대안적 관점이 그 무엇이든 다른 관점들만큼 타당하다는 것을 의미하지 않는다. 예의 바름과 신중히 고려된 담론을 고취시키는 여타 필수적인 규범들은 분명 존재하며, 이는 자유주의 사회에서 민주적 심의를 지탱한다. 공적 의사 표현과 관련된 규범은 보편적으로 적용되어야 한다. 화자의 정체성은 그 화자가 무엇을 말하도록 허락받을 것인지를 결정하지는 않는다.

네 번째 자유주의 원칙은 개인적 권리가 문화적 집단의 권리보다 우선성을 지속적으로 지닌다는 것과 관련된다. 이 문제는 이 책의 초반부에 다루었던, 개인주의가 인간의 자연적 성향 및 사회적 행위능력과 자주 일치하지 않으며 하나의 역사적으로 우연히 발생한 현상일 수 있다는 관찰과 어긋나는 것은 아니다. 그럼에도 불구하고 우리의 제도들이 왜 개인들의 권리를 집단적 권리에 비해 중시할 필요가 있는지에 관해서는 몇 가지 이유를 들 수 있다.

　　사람들은 특정한 집단의 구성원이라는 특성에 의해 결코 온전하게 규정되지 않으며, 계속해서 개인적인 행위능력individual agency을 행사하고자 한다. 그들이 집단적 정체성에 의해 형성되어 온 방식을 이해하는 것은 중요할지 모르나, 그들이 개인으로서 선택하는 것들에 대한 사회적 존중에 관해 고려하는 것 또한 중요하다. 집단적 권리의 인정은 집단 간 차이를 연결해 주기보다는 공고화하는 효과가 있어 위험한 면이 있다. 집단 간 산출의 불평등은 다수의 사회적, 경제적 요인들이 상호작용한 부산물로서, 이 중 많은 것들은 정책적으로 해결할 수 있는 범위를 넘어선다. 사회정책들은 각 집단의 산출물들이 사회 전체에 걸쳐서 골고루 균등하게 나누어지는 방향을 추구해야 하지만, 인종이나 민족과 같은 고정된 범주보다는 계층과 같은 유동적인 범주들에 초점을 맞춰야 한다.

　　개인주의는 역사적으로 우연히 발생한 산물이기는 하지만, 근대인들이 자신을 이해하는 방식의 일부로 너무 깊숙이 자리 잡아서 다시는 되돌리기 어려운 것이 되었다. 근대 시장경제는 유연성, 노동력의 이동 그리고 혁신에 크게 의존하고 있다. 만약 사람들 간의 거래가 제한된 문화적 경계 내에서만 발생해야 한다면, 시장의 규모와 문화적 다양성에서 나오는 혁신은 반드시 제한되고 말 것이다. 개인주의는 특정한 형태의 비판이론에서 주장하듯이 서구문화의 고정된 문화적 특성이 아니다. 이는

여러 사회들을 가로지르면서 점진적으로 발생하고 있는 사회
경제적 근대화의 부산물이다.

마지막 다섯 번째 자유주의의 원칙은 인간적 자율성이 무
한하다는 인식과 연관된다. 자유주의 사회는 인간적 존엄성의
평등을 가정하는데, 존엄성은 선택할 수 있는 개인들의 능력에
근거한다. 이 이유로, 자유주의 사회는 자율성을 기본적 권리로
서 보호하는 데 전념한다.

그러나 자율성이 자유주의의 기본적 가치라고 해서, 여타
좋은 삶에 대한 전망들을 자동적으로 능가하는 유일한 인간적
선은 아니다. 지금까지 우리가 살펴본 것과 같이 자율성의 영역
은 점차 시간이 흐르면서 확대되었고, 기존 도덕적 틀 내부의
규칙들에 복종하는 자유에서부터 자아를 위한 규칙들을 구성
하는 범위까지 확장되어 왔다. 그러나 자율성의 존중은 깊숙이
자리 잡은 믿음들 간의 경쟁을 관리하고 완화한다는 의미였지,
그러한 믿음들을 완전히 대체하기 위한 것이 아니었다. 모든 사
람이 개인적 자율성을 극대화하는 것이 삶의 가장 중요한 목적
이라거나 혹은 기존의 권위 형태 모두를 해체하는 것이 반드시
좋다고 생각하지는 않는다. 많은 사람은 자신을 다른 사람들과
연결하는 종교적 그리고 도덕적 틀을 받아들이거나, 물려받은
문화적 전통 속에서 살아가면서 선택의 자유가 제한되는 상황
에서도 행복을 느낀다. 미국의 수정헌법 제1조는 종교의 자유
로운 행사를 보호하기 위한 것이지, 시민들을 종교**로부터** 보호
하는 것이 아니다.

비록 단일한 종교적 교리에 의해 단합된 사회들이 제공하는 것보다는 약한 수준일지라도, 성공적인 자유주의 사회들은 그들만의 문화와 좋은 삶에 대한 나름의 이해를 가진다. 자유주의 사회는 스스로를 지탱하기 위해 필수적인 가치들과 관련해서는 중립적일 수 없다. 자유주의 사회가 응집되기 위해서는 공공 정신, 관용, 열린 마음 그리고 공적 문제에 대한 활발한 참여를 우선시할 필요가 있다. 이 사회가 경제적으로 번영하고자 한다면 혁신, 기업가정신 그리고 투자 위험에 대한 감수를 존중할 필요가 있다. 오직 개인적 소비를 극대화하는 데만 관심 있는 내부 지향적 개인들로 구성된 사회는 실제 하나의 사회로서 존재하기 어려울 것이다.

인간존재는 자유롭게 부유하면서 자신이 선택하는 어떤 방식으로든지 스스로를 변형시킬 수 있는 행위자가 아니다. 이는 오직 온라인 가상세계에서만 가능하다. 우리는 우선 신체에 의해 제약된다. 기술은 신체적 본성으로 부과된 여러 제약으로부터 사람들을 자유롭게 하는 데 많은 역할을 했다. 기술은 등골 휘는 물리적 노동에서 사람들을 해방시켜 왔고, 수명을 크게 늘렸고, 많은 종류의 질병과 장애를 극복했고, 우리 각자가 활용할 수 있는 경험과 정보 들을 풍부하게 했다. 어떤 기술적 자유지상주의자들이 상상한 미래 속에서 우리는 각각 완전히 신체로부터 벗어난 하나의 의식이 되어 컴퓨터에 업로드될 수 있고, 사실상 영원히 살 수 있다. 우리가 경험하는 세계는 더욱더 스크린에 의해 매개되고, 이러한 상황으로 대안적 세계에 존재하

는 우리를 혹은 대안적 존재로서의 우리를 상상하는 것이 용이
해진다.

　그러나 실제 세계는 이와 다르게 존재하고 있다. 인간적 의
지는 개인적 행위의 범위를 구조화하고 한계를 부여하는 물리
적 신체 안에 자리 잡고 있다. 사람들 대부분이 그들만의 본성
으로부터 해방되기를 바란다는 것은 분명치 않은 주장이다. 우
리의 개인적 정체성은 우리가 태어나면서부터 지니는 물리적
신체들 그리고 우리가 살고 있는 환경과 이 신체들 사이의 상호
작용에 뿌리내리고 있다. 개인으로서 우리는 자각된 정신과 물
리적 신체 간의 상호작용, 그리고 시간의 흐름 속에서 형성된
이 상호작용들에 관한 기억의 산물이다. 우리가 경험하는 감정
들은 물리적 신체에 관한 경험들에 근거한다. 그리고 우리가 지
닌 시민으로서의 권리들도 물리적 신체와 자율적 정신 **모두를**
보호할 필요성 위에서 구축된 것이다.

　자유주의 사회를 위한 마지막 일반적 원칙은 고대 그리스
교본의 한 페이지에서 가져온 것이다. 고대 그리스에는 μηδεν
αγαν(mēden agan), 즉 "아무것도 넘치지 않도록nothing in excess"이
라는 의미를 담은 말이 있는데, 고대 그리스 사람들은 σωφροσύνη
(sophrosunē), 즉 '절제moderation'를 네 가지 주요 미덕(지혜, 용기,
절제, 정의) 중 하나로 간주했다. 이 절제에 대한 강조는 근대에
들어 대개의 경우 경시되었다. 대학 졸업자들이 일상적으로 듣
는 말은 "열정passions을 따르라"는 것이고, 과도함 속에 사는 사
람들은 오직 건강을 해친다는 이유로만 비난받았다. 절제는 자

제력, 즉 극도의 감정적 상태 혹은 지나치게 완벽한 성과를 추구하지 **않도록** 의도적으로 노력하는 것을 의미하고 이를 요청한다. 절제는 내면적 자아에 대한 인위적 제약으로 볼 수 있고, 이러한 자아의 충만한 표현은 인간적 행복과 성취의 원천으로 이야기된다.

그러나 고대 그리스인들은 개인적 삶 그리고 정치 모두에서 중요한 무언가를 알고 있었던 것 같다. 절제는 일반적으로 나쁜 정치적 원칙이 아니며, 특히 처음부터 정치적 열정들을 누그러뜨려야 하는 자유주의 질서에서는 더욱 그렇다. 사고, 팔고, 투자할 수 있는 경제적 자유가 좋다고 해서, 이것이 경제적 활동에 대한 제약 모두를 제거하는 것이 더욱 낫다는 의미는 아니다. 사적자율성이 개인적 성취의 원천이라고 해서, 무제한적 자유을 주고 여러 제약들을 지속적으로 제거하는 것이 개인의 성취를 높이지는 않는다. 때때로 성취는 한계를 받아들이는 데서 나온다. 그러므로 개인과 공동체 모두의 차원에서 절제의 의미를 재발견하는 것은 자유주의 자체의 재부흥, 나아가 사실상 생존의 열쇠가 될 것이다.

절제된 자유주의를 위한 지적 여정

이상원

정치학 박사, 인천대 윤리교육과 조교수

프랜시스 후쿠야마는 1990년대 초반 냉전의 종식과 함께 찾아온 자유민주주의 체제의 역사적 승리를 철학적으로 정당화한 저서인 『역사의 종말The End of History and the Last Man』을 출간한 이후 전 세계의 주목을 받아 온 미국의 정치학자다. 그는 정치이론가로서 자유주의의 한계와 가능성을 숙고한 연구 결과를 대중에게 활발히 알리고 있는 저술가이기도 하다. 이 책 『자유주의와 그 불만Liberalism and Its Discontents』에서 후쿠야마는 현대 자유민주주의 체제 속에서 우리의 삶을 개선하기 위한 방향을 제시하고자 한다. 그러나 그는 단순히 개선을 위한 개별적 아이디어들을 나열하지 않는다. 후쿠야마의 접근법은 더욱 근본적인 관점에서 자유주의 정체의 기본 원칙들에 초점을 맞춘다. 이런 분석은 단지 자유주의의 장점을 설파하기 위함이 아니다. 오히려 그는 자유주의 정체가 보여 주는 근본적 한계점들을 드러내고 이를 신중하게 다루기 위한 방법들을 조명한다.

후쿠야마의 사상을 이해하기 위해서 우선 그가 보여 준 지적 여정을 관통하는 자유주의에 대한 다차원적인 문제의식을 살펴볼 필요가 있다. 그를 세상에 가장 널리 각인시킨 첫 번째 저작『역사의 종말』에서 후쿠야마는 이미 자유주의를 둘러싼 문제를 논하고 있다. 여기서 그는 왕정, 귀족정에서 파시즘이나 공산주의 독재에 이르기까지 인류사에 다양한 정체가 등장했지만, 20세기 이후에 살아남아 지속될 것은 결국 자유민주주의 정체라고 주장한다. 그러나 이런 주장은 단순한 자유민주주의 찬양에 그치지 않는다. 여기서 후쿠야마는 사회경제적 기본권 조항들이 늘어나게 되면 재산권의 자유로운 행사 등 다양한 자유주의적 권리들이 서로 상충하며 공존하기 어려운 문제를 지적한다. 자유주의는 사유재산과 시장을 기반으로 한 자유로운 경제활동의 권리를 인정하고자 하나, 그 인정 범위에 대해서는 폭넓고 다양한 해석이 가능하다. 이에 공적 부문과 사적 부문의 공존 비율 문제는 현대 자유민주주의에서 이제까지 상당한 논란이 되어 왔다.

또한 후쿠야마는 민주주의 국가가 온전히 자유주의를 구현하지 못하는 경우가 존재함을 언급한다. 예를 들어 이란은 민주적 선거가 정기적으로 실시됨에도 이슬람주의의 영향으로 언론과 집회의 자유뿐 아니라 종교의 자유가 온전히 보장되어 있지 않다. 민주주의 국가는 이렇듯 상황에 따라 자유주의와 분리되어 소수 민족이나 종교적 소수파의 기본적인 권리를 법률로써 보호하지 못할 수도 있다.

다음 저작인『트러스트Trust』에서 후쿠야마는 냉전 이후의 불확실한 역사적 흐름 속에서 자유주의의 지속가능성을 위한 방안을 모색한다. 여기서 그는 복지국가와 재정지출 확대만을 중시하는 각종 사회정책을 비판하며, 현실에서 자유주의 제도가 생명력을 유지하기 위해서는 건강하고 역동적인 시민사회가 필요하다고 강조한다. 그에게 진정한 의미의 자유주의는 단순히 경제적 자유와 개인적 자율성의 중시뿐만 아니라, 다양한 개인들이 만들어 가는 시민사회의 모습을 통해 구현된다. 특히 자유민주주의 체제 아래 시민사회의 번성 여부는 단지 법 제도가 아니라 국민들의 관습적 전통과 도덕규범을 반영하는 국가의 문화적 특성에 영향을 받는다. 후쿠야마는 냉전이 끝나고 자유주의가 전 지구적으로 확산되면서 문화의 중요성이 더욱 커졌음을 강조하며, 사람들이 문화적 차이와 집단적 정체성을 더욱 선명히 인식하게 되면 문화적 충돌의 가능성이 높아진다는 사실을 직시한다. 또한 그는 자유민주주의에서 경제활동은 정치적 삶에 뿌리내리고 있는 것임에도 불구하고 현대 담론은 경제를 마치 독립된 법칙을 가진 영역처럼 인식하는 경향이 있다고 비판한다. 현대사회에서 사회적 협동과 신뢰가 필요치 않은 경제활동은 거의 없다. 일터는 개인을 사회적 세계로 연결해 주는 장으로서 단지 돈을 벌기 위한 수단이 아니라 그 자체로 인간적 삶의 중요한 목적이다.

　　1990년대 말 저작인『대붕괴 신질서 The Great Disruption』에서 후쿠야마는 자유주의적 발전의 어려움에 대한 문제의식을 더욱 강하게 드러낸다. 그는 경제와 과학기술의 진보에도 불구하고 현대 자유민주주의가 중요한 도전에 직면하고 있다고 진단한다. 물질적 성장은 반드시 도덕과 사회의 발전으로 이어지지 않는다. 후쿠야마는 냉전에서 승리한 자유민주주의가 지나친 개인주의에 희생되어 가면서 취약성을 드러내고 있다고 보았다. 근대 자유주의 정체는 특정한 종교나 관습, 문화적 전통의 편에 서지 않으며 가치중립적 관점을 중시한다. 이렇게 자유주의가 강조하는 다원성은 윤리·도덕적인 문제들에 기본적으로 관용의 원칙을 적용하면서 법률과 제도의 객관적 틀을 민주적으로 구축하고자 한다. 그러나 성공적인 자유민주주의의 제도적 기준은 보편적으로 구현되기 쉽지 않으며, 사실상 특정 문화적 가치에 의존하는 경향이 있다. 권위주의적이고 위계적인 전통문화를 유지하는 정치공동체는 국가나 교회의 중앙집권적 제도 구성을 유지하면서 근대 자유주의가 추구하는 민주주의와 시장경제를 성공적으로 안착시키기 어렵다. 그는 미국과 라틴아메리카의 국가 사례를 대비하면서 미국 시민사회가 지닌 문화적 역동성은 미국식 민주제도의 안정과 경제성장에 결정적인 요소였음을 지적한다.

2000년대 이후 출간한 『강한 국가의 조건State-Building』에서 후쿠야마는 자유주의를 유지하기 위한 국가의 역할을 강조한다. 이 책은 국가의 역할을 부정하는 신자유주의에 비판적인 그의 정치적 입장을 이해할 수 있는 중요한 단서다. 그는 빈곤에서 마약, 전염병, 테러리즘에 이르기까지 오늘날 전 세계에 퍼진 심각한 사회문제들의 근원은 바로 국가의 취약성에 따른 대응 실패라고 진단한다. 행정 기능, 선거·정당제도, 합법성, 사회문화적 조건 등 '국가성stateness'의 다양한 차원에 대한 분석을 바탕으로, 그는 대다수 개발도상국은 실제로 국가가 너무 약했기 때문에 선진 자유민주주의 정체로 발돋움하지 못했다고 제시한다. 즉 정부 개입에 대한 일방적 비판이나 공공부문의 민영화에 대한 맹목적 신봉은 국가성에 대한 편협하고 잘못된 시각에서 비롯된다.

2010년대에 들어 그는 자유주의 국가의 본질에 대한 관심을 『정치 질서의 기원The Origins of Political Order』을 통해 더욱 구체화한다. 여기서 후쿠야마는 오늘날 정부가 지나치게 거대해져서 경제성장과 개인의 자유에 걸림돌이 되는 경우가 있음을 인정하지만, 이러한 시각이 급진화되어 정부의 의미와 중요성 자체를 무시하는 사상적 경향을 비판한다. 또한 자유주의 정체를 유지하는 데에 국가의 존재, 법과 정부의 역할은 필수 불가결한 기반임을 다시금 강조한다. 시장경제에 따른 물질적 풍요는 결코 자생적으로 이루어지지 않는다. 정부는 법치를 통해 재산권을 보호하는 등 기본적 정치 질서를 유지하면서 자유시장을 뒷받침한다. 결국 자유민주주의 체제의 성공은 유능한 국가, 법치주의, 민주적 책임성을 갖춘 정부가 균형적으로 갖추어졌을 때 가능하다. 그리고 이러한 정치제도적 균형은 결코 쉽게 달성 가능한 것이 아니다.

2010년대 후반 후쿠야마는 『존중받지 못하는 자들을 위한 정치학Identity』을 통해 자유민주주의의 유지를 위한 새로운 과제에 직면하게 된다. 그는 여기서 2016년 트럼프의 당선과 영국의 유럽연합 탈퇴Brexit라는 예상치 못한 사건들이 그의 학문적 관심사를 전환하게 했다고 고백한다. 후쿠야마는 트럼프 현상과 브렉시트는 우파 포퓰리즘과 민족주의의 득세라는 오늘날 세계정치의 새로운 흐름을 잘 보여 주며, 이것이 자유주의에 강력한 위협이 되고 있음을 지적한다. 포퓰리스트 지도자들은 다수의 지지라는 민주적 선거의 정당성을 활용해 권력 강화를 추구하면서, 견제와 균형의 권력분립을 강조하는 자유주의 원칙을 약화시킨다. 후쿠야마는 이러한 경향이 자유민주주의 체제 내부에서 발생하고 있다는 사실에 놀란다. 헝가리 등 새롭게 민주화된 나라들뿐 아니라, 영국과 미국에서 대두한 편협한 민족주의 경향은 자유민주주의 정체에 대한 후쿠야마의 긍정적 전망을 상당 부분 변화시켰다. 그는 최근의 역사적 흐름이 사실상 자유주의 정체를 구축하고 유지하기가 얼마나 어려운지를 보여 주고 있음을 인정한다. 그럼에도 그는 자유민주주의를 인류 발전의 역사적 종착점으로 보는 근본적인 시각만은 그대로라고 강조한다.

다만 『역사의 종말』의 마지막 부분에서 후쿠야마는 이미 니체의 '마지막 인간letzter mensch, last man' 개념을 통해 자유민주주의하에서 양산되는 상대주의와 허무주의에 의문을 던졌다. 후쿠야마의 지적 행보는 단지 자유민주주의의 승리를 자축하는 것이 아니었다. 그는 자유민주주의 체제가 인간의 우월성 추구 욕망과 인정 욕구의 충분한 배출 통로를 제공하고 있는가의

문제를 지속적으로 다루면서, 국가의 능력과 사회문화적 요인
들이 세계정치에 미치는 영향을 탐구해 왔다. 여기서 후쿠야마
는 오늘날 경제적 동기로 해석되는 상당수 현상은 사실상 인간
의 인정 욕구에서 비롯된 것으로, 이는 단순히 경제적 수단으로
충족되지 않음을 다시금 강조한다. 이때 인종, 민족, 종교, 성별
등 집단적 특성을 근거로 한 정체성 정치의 부상은 현대 자유민
주주의 국가들이 필연적으로 당면할 수밖에 없는 문제다. 그는
인간의 인정 투쟁에 대한 합리적인 해결 방향은 모든 인간이 존
엄성을 인정받는 '보편적 인정universal recognition'이라고 강조한
다. 인간 존엄성에 대한 자유주의의 보편적인 이해로 돌아가지
못한다면 인류는 끊임없는 갈등에서 벗어나지 못한다고 본 것
이다.

　　그리고 마침내 2022년, 후쿠야마는 이 책『자유주의와 그
불만』에서 자유주의의 근본적 문제들을 재검토한다. 그는 고전
적 자유주의의 이론적 토대와 함께, 자유주의가 여러 불만과 반
대를 생성해 온 현실적 원인들을 분석한다. 수십 년간 이어져
온 학문적 통찰을 바탕으로, 이제 그는 단순히 자유민주주의라
는 목표점에 대한 강조에서 벗어나, 자유주의가 하나의 정부 형
태로서 추구되는 과정에서 발생할 수밖에 없는 문제의 원천들
을 직시할 필요가 있음을 강조한다.

　　후쿠야마에 따르면 오늘날 자유주의는 우파 포퓰리스트들
과 좌파 진보주의자들 모두에게 공격받고 있다. 그는 이들의 비
판에 어느 정도 합당한 면이 있음을 인정한다. 현대 자유주의

사회는 모든 인간 존재를 동등하게 대우하지 못하고 자유주의의 고전적 이상을 제대로 구현하지 못하고 있다. 이에 좌·우파 세력의 비판은 자유주의 자체가 딛고 서 있는 근본적 원칙들(헌법에 기초한 보편적 평등, 진리를 포착하기 위한 의사 표현의 자유, 과학적 합리주의에 대한 믿음 등)을 공격하는 지경에 이르렀다. 그러나 좌파와 우파 모두에게 자유주의가 불편한 이유는 자유주의 신조의 근본적 취약성 때문이 아니다. 그들의 불만은 자유주의 원칙 그 자체가 아니라, 지난 몇 세대 동안 자유주의의 근본적 신조들이 변화해 온 방식에서 비롯한다.

우선 오늘날 우파가 지지하는 경제적 자유주의는 소위 신자유주의로 변질되었다. 신자유주의는 경제적 불평등과 치명적인 경제 위기를 가져와 많은 서민에게 아픔을 주었다. 이제 대다수 사람들은 사유재산권 보호를 바탕으로 시장경제의 이데올로기적 기초를 구성하는 자유주의의 특성을 단지 자본주의와 연계된 불평등을 의미하는 것으로 여긴다. 이에 좌파 진보주의 측에서는 부와 권력의 광범위한 재분배를 강조하는 동시에, 개인을 넘어 집단으로 자율성의 급진적 확장을 시도한다. 그들은 인종, 젠더 같은 고정된 범주의 정체성에 기초한 평등과 집단적 권리의 인정을 요구한다. 한편 극우 보수주의자들은 취약계층에 대한 평등한 권리 부여를 기존 체제와 전통적 믿음에 대한 위협으로 인식하며, 자신들이 자유주의 정책에 의해 침해받고 있다고 주장한다.

후쿠야마는 자유주의의 기본 원칙은 계층과 집단에 따른

구별 없이 모든 사람의 개인적 권리를 보호하는 것임을 강조한
다. 다시 말해 좌파와 우파, 진보와 보수 모두가 느끼는 불만은
자유주의의 본질에 연관되어 있다기보다는, 자유주의의 고전
적 아이디어들이 구현되는 과정에서 편협한 방향으로 왜곡되
고 극단적으로 치우친 현상들과 관련 있다. 따라서 그는 자유
주의를 향한 불만에 대처하는 길은 자유주 그 자체를 포기하
는 것이 아니라, 그것의 급진적 움직임을 자제시키는 데에 있
다고 본다.

　　후쿠야마는 『역사의 종말』에서 자유민주주의의 승리를 정
당화한 이후, 자유주의에 대한 지나친 편견 속에서 정치 현상을
해석한다는 비판을 받아 왔다. 『자유주의와 그 불만』도 기본적
으로 자유주의를 극단적 비판들로부터 지켜 내기 위한 그의 이
론적 관점이 잘 묻어나는 글이다. 물론 이 책을 성급하게 읽은
독자는 후쿠야마가 기존의 자유주의 편향적 태도를 여전히 탈
피하지 못하고 있다고 비난할 수 있다. 그러나 이 책을 신중히
읽은 독자라면, 그의 연구가 단지 자유주의를 하나의 절대적 이
데올로기로서 지켜 내기 위한 것이 아니라, 자유주의의 장점을
살려 내기 위한 진지한 노력에서 비롯되는 것임을 알 수 있다.
독자는 이 책을 통해 자유주의는 그 자체로 절대 완벽한 신조가
아님을 우선 자각할 필요가 있다. 후쿠야마는 자유주의의 한계
에 대한 통찰 속에서, 이것이 우파와 좌파 모두에 의해 왜곡되
고 타락할 수 있음을 강조한다. 따라서 이 책의 진정한 미덕은
무엇보다 자유주의에 대한 보다 깊이 있고 신중한 철학적 접근

을 강조했다는 점이다.

후쿠야마의 궁극적 메시지는 책의 후반부에 잘 드러난다. 그는 자유주의 사회를 현실적으로 지탱하는 원칙의 핵심은 고대 그리스에서부터 내려오는 철학적 통찰로서 "아무것도 넘치지 않도록nothing in excess" 끊임없이 스스로를 경계하는 '절제moderation'의 원칙임을 강조한다. 자유주의 사회에서 절제의 윤리는 단순한 도덕적 교훈이 아닌 현실적 생존의 문제다. 그러나 오늘날 자유주의의 실제적 추구 과정에서 이 절제에 대한 강조가 무시되어 왔다는 것이다. 후쿠야마에게 참된 생존 방식은 삶의 특정한 지향점과 노력만 강조하는 것이 아니다. 자유로운 삶은 너무 완벽한 성과를 지나치게 추구하지 않도록 조절할 수 있는 '자기 제약self-restraint'의 실행 능력에 달려 있다. 따라서 자유주의 정체가 인간이 추구하는 최선의 공존 방식이자 궁극적 목표점이라면, 절제는 자유주의 정체의 실현 과정에서 반드시 지켜야 하는 모든 개인과 집단의 보편적인 생존 원리이다. 그렇기에 자유주의가 나아갈 방향은 단순히 경제적 번영 혹은 정체성 정치의 양극단이 아니라, 이 모두를 지속가능하게 하기 위해 "아무것도 넘치지 않도록" 하는 시민들의 보편적인 노력일 것이다. 후쿠야마는 이 책을 이렇게 마무리한다. 개인과 공동체 모두에서, "때때로 성취는 '한계를 받아들이는acceptance of limits' 데서 나온다. 그러므로 개인과 공동체 모두의 차원에서 절제의 의미를 재발견하는 것은 자유주의 자체의 재부흥, 나아가 사실상 생존의 열쇠가 될 것이다".

　　절제는 한계에 대한 신중한 인식에서 나온다. 따라서 후쿠야마는 이 한계를 함부로 규정짓지 않는다. 한계와 가능성에 대한 고민은 시민 각자가 일상에서 사유와 대화를 통해 자유롭게 논의하면서 생각할 부분이다. 다만 후쿠야마의 시각에서 이러한 자유로운 철학적 고민과 소통을 진정으로 가능하게 하는 정체는, 오직 자유민주주의일 것이다. 그러나 이 책이 제기하는 모든 주장은 단순히 마침표로 끝나지 않는다. 이들은 정치공동체와 삶의 방향에 대한 깊은 물음을 던진다. 일상에서 그 궁극적 해답을 찾는 시도는, 결국 독자들의 몫이 될 것이다.

미주

서문

01. Deirdre McCloskey, *Why Liberalism Works: How True Liberal Values Produce a Freer, More Equal, Prosperous World for All* (New Haven, CT: Yale University Press, 2019).

02. 2020년도에 미국과 인도 모두에서 자유 지수를 낮게 평가하는 문헌으로는 다음을 참조하라. *Freedom in the World 2021: Democracy Under Siege* (Washington, DC: Freedom House, March 2021); Larry Diamond, "Facing Up to the Democratic Recession," *Journal of Democracy* 26 (2015): pp. 141~155.

03. 그 예로는 다음의 문헌들이 있다. Edmund Fawcett, *Liberalism: The Life of an Idea* (Princeton, NJ: Princeton University Press, 2014); Helena Rosenblatt, *Lost History of Liberalism* (Princeton, NJ: Princeton University Press, 2018); Larry Siedentop, *Inventing the Individual: The Origins of Western Liberalism* (London: Allen Lane, 2014); John Gray, *Liberalisms: Essays in Political Philosophy* (London and New York: Routledge, 1989).

04. Edward Luce, *The Retreat of Western Liberalism* (New York: Atlantic Monthly Press, 2017); Timothy Garton Ash, "The Future of Liberalism," *Prospect* (December 9, 2020).

05. Francis Fukuyama, "Liberalism and Its Discontents," *American Purpose* (October 3, 2020).

1
무엇이 고전적 자유주의인가?

01. John Gray, *Liberalism* (Milton Keynes, UK: Open University Press, 1986), p. x.

02. "Vladimir Putin Says Liberalism Has 'Become Obsolete'" in the *Financial Times* (June 27, 2019), www.ft.com/content/670039ec-98f3-11e9-9573 -ee5cbb98ed36 참조.

03. Csaba Tóth, "Full Text of Viktor Orbăn's Speech at Báile Tuşnad (Tusnádfürdő) of 26 July 2014," *The Budapest Beacon* (July 29, 2014) 참조.

04. Francis Fukuyama, *The Origins of Political Order: From Prehuman Times to the French Revolution* (New York: Farrar, Straus and Giroux, 2011); *Political Order and Political Decay: From the Industrial Revolution to the Globalization of Democracy* (New York: Farrar, Straus and Giroux, 2014).

05. 다음에 나타난 사례들을 참조하라. Dominic J. Packer and Jay Van Bavel, The Power of Us: *Harnessing Our Shared Identities to Improve Performance, Increase Cooperation, and Promote Social Harmony* (New York and Boston: Little, Brown Spark, 2021).

06. 이 과정에 대한 설명에 대해서는, Fukuyama (*Political Order and Political Decay*, 2014), chapter 28 참조.

07. McCloskey (2019), p. x.

08. James Madison, *Federalist* No. 10 "The Same Subject Continued: The Union as Safeguard Against Domestic Faction and Insurrection," *Federalist Papers* (Dublin, OH: Coventry House Publishing, 2015).

09. 이에 대한 요약에 관해서는, Stephan Haggard, *Developmental States* (Cambridge, MA, and New York: Cambridge University Press, 2018); and Suzanne Berger and Ronald Dore, *National Diversity and Global Capitalism* (Ithaca, NY: Cornell University Press, 1996) 참조.

2
자유주의에서 신자유주의로

01. 이 시기에 관한 개관으로는, Binyamin Appelbaum, *The Economists' Hour: False Prophets, Free Markets, and the Fracture of Society* (Boston: Little, Brown, 2019) 참조.

02. Quoted in Niall Ferguson, *Doom: The Politics of Catastrophe* (New York: Penguin Press, 2021), p. 181.

03. Branko Milanovic, *Global Inequality: A New Approach for the Age of Globalization* (Cambridge, MA: Belknap/Harvard University Press, 2016) 참조.

3
이기적 개인

01. Douglass C. North, Institutions, Institutional Change, and Economic Performance (New York: Cambridge University Press, 1990).

02. Deirdre N. McCloskey, Bourgeois Dignity: Why Economics Can't Explain the Modern World (Chicago, IL: University of Chicago Press, 2010), chapters 33~36 참조. 또한 McCloskey, Beyond Positivism, Behaviorism, and Neo-Institutionalism in Economics (Chicago, IL: University of Chicago Press: 2021, forthcoming), chapter 8 참조.

03. Robert H. Bork and Philip Verveer, The Antitrust Paradox: A Policy at War with Itself (New York: Free Press, 1993); and "Legislative Intent and the Policy of the Sherman Act," Journal of Law and Economics 9 (1966): pp. 7~48.

04. Oren Cass, The Once and Future Worker: A Vision for the Renewal of Work in America (New York: Encounter Books, 2018) 참조.

05. Thomas Philippon, The Great Reversal: How America Gave Up on Free Markets (Cambridge, MA: Belknap/Harvard University Press, 2019).

06. Francis Fukuyama, "Making the Internet Safe for Democracy," Journal of Democracy 32 (2021): pp. 37~44.

07. Friedrich A. Hayek, Law, Legislation and Liberty (Chicago, IL: University of Chicago Press, 1976).

08. Elinor Ostrom, Governing the Commons: The Evolution of Institutions for Collective Action (Cambridge: Cambridge University Press, 1990) 참조.

09. Xiao-qiang Jiao, Nyamdavaa Mongol, and Fu-suo Zhang, "The Transformation of Agriculture in China: Looking Back and Looking Forward," Journal of Integrative Agriculture 17 (2018): 755~64, p. 757; Food and Agricultural Organization of the United Nations, www.fao.org/home/en.

10. Mancur Olson, The Logic of Collective Action: Public Goods and the Theory of Groups (Cambridge, MA: Harvard University Press, 1965).

11. Siedentop (2014) 참조.

12. Fukuyama (The Origins of Political Order, 2011), chapter 16.

4
주권적 자아

01. John Rawls, *A Theory of Justice. Revised Edition* (Cambridge, MA: Belknap/ Harvard University Press, 1999).

02. 롤스에 대한 다차원적인 비판으로는, Allan Bloom, "Justice: John Rawls Versus the Tradition of Political Philosophy," in *Giants and Dwarves: Essays 1960~1990* (New York: Simon and Schuster, 1990) 참조.

03. Robert Nozick, *Anarchy, State, and Utopia* (New York: Basic Books, 1974).

04. Alasdair MacIntyre, *After Virtue* (Notre Dame, IN: University of Notre Dame Press, 1981), pp. 244~255; Charles Taylor, *Sources of the Self: The Making of the Modern Identity* (Cambridge, MA: Harvard University Press, 1989), pp. 88~90; Michael Walzer, *Spheres of Justice: A Defense of Pluralism and Equality* (New York: Basic Books, 1983); Michael J. Sandel, *Liberalism and the Limits of Justice. Second Edition* (New York: Cambridge University Press, 1998).

05. Sandel (1998), p. 177.

06. Ibid., pp. 179, 186.

07. J. G. A. Pocock, *The Machiavellian Moment: Florentine Political Thought and the Atlantic* (Princeton, NJ: Princeton University Press, 1975).

08. 이에 대해 언급한 글로는, William A. Galston, "Liberal Virtues," *American Political Science Review* 82 (1988): pp. 1277~1990 참조.

09. Robert D. Putnam and David E. Campbell, *American Grace: How Religion Divides and Unites Us* (New York: Simon and Schuster, 2010), p. 83.

10. Abraham H. Maslow, "A Theory of Human Motivation," *Psychological Review* 50 (1950).

11. 미국에서 신뢰의 장기간에 걸친 감소에 대해서는, Ethan Zuckerman, *Mistrust: Why Losing Faith in Institutions Provides the Tools to Transform Them* (New York: W. W. Norton, 2020), p. 83 참조.

12. Tara Isabella Burton, *Strange Rites: New Religions for a Godless World* (New York: Public Affairs, 2020).

13. 모든 사람이 무지의 장막 뒤에서는 가장 취약한 계층에 불이익을 주지 않을 원칙을 선택할 것이라는 롤스의 주장에 대한 비판 중 하나는, 이것이 사람들의 매우 낮은 수준의 위험 감수(risk tolerance) 성향을 전제하고 있다는 것이다. 만약 매우 부유하게 되거나 높은 권력을 차지할 수 있다는 희망이 있다면, 무지의 장막 뒤에서도 누군가는 낮은 계층으로 전락할 수도 있는 위험을 감수하려 드는 것이 얼마든지 가능한 일이다. 영화 〈제3의 사나이(The Third Man)〉에서처럼, 이 사람은 근대 스위스보다 르네상스 이탈리아에서의 삶을 선호할지 모른다.

5
자유주의가 스스로와 싸우다

01. Herbert Marcuse, *One-Dimensional Man: Studies in the Ideology of Advanced Industrial Society* (Boston, MA: Beacon Press, 1991).

02. Herbert Marcuse, *Repressive Tolerance* (Berkeley, CA: Berkeley Commune Library, 1968). 또한 Robert Paul Wolff, *A Critique of Pure Tolerance* (Boston, MA: Beacon Press, 1965) 참조.

03. Herbert Marcuse, *Eros and Civilization: A Philosophical Inquiry into Freud* (New York: Vintage Books, 1955).

04. John Christman, *The Politics of Persons: Individual Autonomy and Socio-*

Historical Selves (Cambridge, MA, and New York: Cambridge University Press, 2009), p. 2.

05. Charles W. Mills, *Black Rights/White Wrongs: The Critique of Racial Liberalism* (New York: Oxford University Press, 2017), p. 139.

06. Ann Cudd, *Analyzing Oppression* (New York: Oxford University Press, 2006), p. 34.

07. Carole Pateman, *The Sexual Contract. 30th Anniversary Edition*, with a New Preface by the Author (Stanford, CA: Stanford University Press, 2018), pp. 93~94.

08. Pateman (2018), p. 94.

09. Charles W. Mills, *The Racial Contract* (Ithaca, NY: Cornell University Press, 1997). 또한 Charles W. Mills and Carole Pateman, *Contract and Domination* (Cambridge: Polity Press, 2007) 참조.

10. Samuel Moyn, "The Left's Due—and Responsibility," *American Purpose* (January 24, 2021).

11. Frantz Fanon, *The Wretched of the Earth* (New York: Grove Press, 2004).

12. Kenneth Pomeranz, *The Great Divergence: China, Europe, and the Making of the Modern World Economy* (Princeton, NJ: Princeton University Press, 2000).

13. Pankaj Mishra, "Bland Fanatics," in *Bland Fanatics: Liberals, Race, and Empire* (New York: Farrar, Straus and Giroux, 2020) 참조.

14. Ta-Nehisi Coates, *Between the World and Me* (New York: Spiegel and Grau, 2015).

15. Carl Schmitt, *Political Theology: Four Chapters on the Concept of Sovereignty* (Chicago, IL: University of Chicago Press, 2006) 참조.

16. Mills (1997), p. 10.

6
합리성 비판

01. Peter Pomerantsev, *Nothing is True and Everything is Possible: The Surreal Heart of the New Russia* (New York: PublicAffairs, 2014).

02. Jonathan Rauch, *The Constitution of Knowledge: A Defense of Truth* (Washington, DC: Brookings Institution Press, 2021).

03. Alan D. Sokal and Alan Bricmont, *Fashionable Nonsense: Postmodern Intellectuals' Abuse of Science* (New York: Picador, 1999), chapter 4.

04. Theodor W. Adorno and Max Horkheimer, *Dialectic of Enlightenment* (New York: Continuum, 1982); Michel Foucault, *The Order of Things: An Archaeology of the Human Sciences* (New York: Vintage Books, 1994 [1970]).

05. Ferdinand de Saussure, *Course in General Linguistics* (New York: Columbia University Press, 2011).

06. Jacques Derrida, *Of Grammatology* (Baltimore, MD: Johns Hopkins University Press, 2016).

07. Michel Foucault, *Madness and Civilization: A History of Insanity in the Age of Reason* (New York: Vintage Books, 2013); *Discipline and Punish: The Birth of the Prison* (New York: Vintage Books, 1995); *The History of Sexuality: An Introduction* (New York: Vintage Books, 2012).

08. Edward Said, *Orientalism* (New York: Random House, 1978).

09. Kimberlé Crenshaw, "Mapping the Margins: Intersectionality, Identity Politics, and Violence against Women of Color," *Stanford Law Review* 43 (1991): pp. 1241~1299.

10. Joseph Henrich, *The WEIRDest People in the World: How the West Became Psychologically Peculiar and Particularly Prosperous* (New York: Farrar, Straus and Giroux, 2020).

11. Luce Irigaray, "Le Sujet de la science est-il sexue? (Is the subject of science sexed?)," *Hypatia* 2 (1987): 65~87.

12. Michel Foucault, "Right of Death and Power Over Life," in *The Foucault Reader* (New York: Pantheon Books, 1984) 참조.

13. Daniel T. Rodgers, *Age of Fracture* (Cambridge, MA: Belknap/Harvard University Press, 2011), pp. 102~107.

14. 여러 사례를 위해서는 Sokal and Bricmont (1999)를 참조하라.

15. Ibrahim X. Kendi, *How to Be an Antiracist* (London: One World, 2019); Robin DiAngelo, *White Fragility: Why It's So Hard for White People to Talk About Racism* (Boston, MA: Beacon Press, 2020).

16. Ross Douthat, "How Michel Foucault Lost the Left and Won the Right," *New York Times* (May 25, 2021).

17. Geoff Shullenberger, "Theorycells in Trumpworld," *Outsider Theory* (January 5, 2021) 참조.

7
기술, 사생활 그리고 의사 표현의 자유

01. 체코공화국의 억만장자 총리 안드레이 바비시(Andrej Babis)는 이 나라의 가장 큰 출판사와 여타 미디어의 소유주가 되었다. 루마니아에서 주도적인 TV 뉴스 방송국은 억만장자 댄 보이쿨레스쿠(Dan Voiculescu)에 의해 소유되었고, 슬로바키아의 주요 신문사는 탐사보도의 대상이었던 투자 그룹에게 매각되었다. Rick Lyman, "Oligarchs of Eastern Europe Scoop Up Stakes in Media Companies," *New York Times* (November 26, 2014) 참조.

02. Martin Gurri, *The Revolt of the Public and the Crisis of Authority in the New Millennium* (San Francisco, CA: Stripe Press, 2018).

03. Jonathan Haidt, *The Righteous Mind: Why Good People Are Divided by Politics and Religion* (New York: Pantheon, 2012); Packer and Van Bavel (2021).

04. Reeve T. Bull, "Rationalizing Transparency Laws," *Yale Journal on Regulation Notice & Comment* (September 30, 2021); Lawrence Lessig, "Against Transparency: The Perils of Openness in Government," *The New Republic* (October 19, 2009); Albert Breton, *The Economics of Transparency in Politics* (Aldershot, UK: Ashgate, 2007).

05. Joe Pompeo, "'It's Chaos': Behind the Scenes of Donald McNeil's New York Times Exit," *Vanity Fair* (February 10, 2021)의 설명 참조.

06. 미국 대법원은 '사생활의 권리'를 로 대 웨이드(Roe v. Wade) 판결에서 함축적으로 제시했으나, 여기서는 우선적으로 임신중지를 합법화하기 위한 것으로 활용했을 뿐이며 정보나 소통에서 일반적인 사생활을 보호하기 위한 의도까지 보여 주지는 않았다.

07. Adrienne LaFrance, "The Prophecies of Q," *The Atlantic* (June 2020).

08. Richard Hofstadter, *The Paranoid Style in American Politics* (New York: Vintage, 2008) 참조.

09. 그의 책 『말과 사물(The Order of Things)』에서 미셸 푸코는 베이컨의 근대적

자연과학이 등장하기 이전 16세기를 지배했던 인식론적 접근법들을 기술한다. 당시 사람들은 유사, 근접, 반복 그리고 비유가 가시적인 세계와 그것을 비추는 거울로서 하나의 숨겨진 질서, 즉 더 높은 힘에 의해 구조화된 세계 사이의 관계를 드러낸다고 믿었다. 관찰자는 관찰된 현실 속에 내재해 있던 기호들을 통해 숨겨진 세계에 대한 단서들을 찾았다. 그 세계를 이해하기 위해서 인간은 관찰된 현실에 관한 지적 모델을 고안하기보다는, 어떻게 흩어진 표지들(signs)을 읽어 내는지를 알아야 했다. 많은 점에서 오늘날 인터넷 시대의 사람들은 이러한 전과학적인 인식 방식으로 후퇴해 왔다. 큐어넌 음모 이론가들은 흩어진 단서들을 찾으며 명백한 현실과 크게 다른 현실을 지향하는데, 이들이 바라본 현실은 그들이 적대하는 엘리트들과 신뢰하지 않는 제도들에 의해 조작된 것이다. 아니면 이들은 자신들만의 희망과 기대를 실망시킬지도 모르는 외부 세계가 아니라, 스스로의 내부에서 그들만이 느끼는 것들을 은밀히 탐색하고자 할 뿐이다. Foucault (1970), chapter 2.

8
대안은 있는가?

01. Sohrab Ahmari, "Against David French-ism," *First Things* (May 29, 2019).

02. Adrian Vermeule, "Beyond Originalism," *The Atlantic* (March 31, 2020).

03. Yoram Hazony, *The Virtue of Nationalism* (New York: Basic Books, 2018).

04. Patrick J. Deneen, *Why Liberalism Failed* (New Haven, CT: Yale University Press, 2018), chapter 3.

05. Glenn Ellmers, "'Conservatism' Is No Longer Enough," *American Mind* (March 24, 2021).

06. Vermeule (2020). 또한 Laura K. Field, "What the Hell Happened to the Claremont Institute?" *The Bulwark* (July 13, 2021) 참조.

07. Yoram Hazony, *The Virtue of Nationalism* (New York: Basic Books, 2018).

08. Deneen (2018), chapter 3; Rod Dreher, *The Benedict Option: A Strategy for Christians in a Post-Christian World* (New York: Sentinel, 2017), chapter 1.

9
국가정체성

01. "Francis Fukuyama: Will We Ever Get Beyond the Nation-State?" *Noema Magazine* (April 29, 2021) 참조.

02. Francis Fukuyama, "Why National Identity Matters," in Eric M. Uslaner and Nils Holtug, *National Identity and Social Cohesion* (London and New York: Rowman and Littlefield, 2021) 참조.

03. Hazony (2018); Rauch (2021); Matthew Yglesias, "Hungarian Nationalism Is Not the Answer," *Slow Boring* (August 6, 2021) 참조.

04. 예를 들어 Seymour Martin Lipset, *American Exceptionalism: A Double-Edged Sword* (New York: W. W. Norton, 1995) 참조.

05. Hazony (2018).

06. Michael Shara, *The Killer Angels* (New York: Ballantine Books, 1974), p. 27.

07. Richard Schlatter, ed., *Hobbes's Thucydides* (New Brunswick, NJ: Rutgers University Press, 1975), pp. 131~132.

10
자유주의 사회를 위한 원칙들

01. Fukuyama(2014) 참조.

02. Daniel Ziblatt, *Conservative Parties and the Birth of Democracy* (New York: Cambridge University Press, 2017).

03. TV 쇼프로그램 *Fox & Friends* (2020년 3월 30일).

04. 인터넷 플랫폼의 정치적 의사 표현에 대한 영향력을 완화시키는 하나의 방법은 [여러 앱들 간 데이터 중계 기능을 하는] '미들웨어(middleware)'를 다루는 기업들 간의 경쟁적인 환경을 창출하여 콘텐츠의 조직화를 외주업체에게 맡기는 것이다. Francis Fukuyama, "Making the Internet Safe for Democracy," Journal of Democracy 32 (2021): pp. 37~44.

05. R. Shep Melnick, *The Transformation of Title IX: Regulating Gender Equality in Education* (Washington, DC: Brookings Institution Press, 2018).

참고 문헌

Appelbaum, Binyamin. *The Economists' Hour: False Prophets, Free Markets, and the Fracture of Society*. Boston: Little, Brown, 2019.

Berger, Suzanne, and Ronald Dore. *National Diversity and Global Capitalism*. Ithaca, NY: Cornell University Press, 1996.

Bloom, Allan. *Giants and Dwarfs: Essays 1960~1990*. New York: Simon and Schuster, 1990.

Bork, Robert H., and Philip Verveer. *The Antitrust Paradox: A Policy at War with Itself*. New York: Free Press, 1993.

Breton, Albert. *The Economics of Transparency in Politics*. Aldershot, UK: Ashgate, 2007.

Bull, Reeve T. "Rationalizing Transparency Laws." *Yale Journal on Regulation Notice & Comment* (September 30, 2021).

Burton, Tara Isabella. *Strange Rites: New Religions for a Godless World*. New York: Public Affairs, 2020.

Cass, Oren. *The Once and Future Worker: A Vision for the Renewal of Work in America*. New York: Encounter Books, 2018.

Christman, John. *The Politics of Persons: Individual Autonomy and Socio-Historical Selves*. Cambridge, MA, and New York: Cambridge University Press, 2009.

Coates, Ta-Nehisi. *Between the World and Me*. New York: Spiegel and Grau, 2015.

Cudd, Ann. *Analyzing Oppression*. New York: Oxford University Press, 2006.

Deneen, Patrick J. *Why Liberalism Failed*. New Haven, CT: Yale University Press, 2018.

Derrida, Jacques. *Of Grammatology*. Baltimore, MD: Johns Hopkins University
Press, 2018.

DiAngelo, Robin. *White Fragility: Why It's So Hard for White People to Talk
About Racism*. Boston, MA: Beacon Press, 2020.

Dreher, Rod. *The Benedict Option: A Strategy for Christians in a Post-Christian
World*. New York: Sentinel, 2017.

Fanon, Frantz. *The Wretched of the Earth*. New York: Grove Press, 2004.

Fawcett, Edmund. *Liberalism: The Life of an Idea*. Princeton, NJ: Princeton
University Press, 2014.

Ferguson, Niall. *Doom: The Politics of Catastrophe*. New York: Penguin Press,
2021.

Foucault, Michel. *Discipline and Punish: The Birth of the Prison*. New York:
Vintage Books, 1995.

_____. *Madness and Civilization: A History of Insanity in the Age of
Reason*. New York: Vintage Books, 2013.

_____. *The Foucault Reader*. New York: Pantheon Books, 1984.

_____. *The Order of Things: An Archaeology of the Human Sciences*.
New York: Vintage Books, 1994 [1970].

Fukuyama, Francis. *Identity: The Demand for Dignity and the Politics of
Resentment*. New York: Farrar, Straus and Giroux, 2018.

_____. "Making the Internet Safe for Democracy." *Journal of
Democracy* 32 (2021): pp. 37~44.

_____. *Political Order and Political Decay: From the Industrial
Revolution to the Globalization of Democracy*. New York: Farrar, Straus and
Giroux, 2014.

_____. *The Origins of Political Order: From Prehuman Times to the
French Revolution*. New York: Farrar, Straus and Giroux, 2011.

Galston, William A. "Liberal Virtues." *American Political Science Review* 82
(1988): pp. 1277~1290.

Gray, John. *Liberalism*. Milton Keynes, UK: Open University Press, 1986.

_____. *Liberalisms: Essays in Political Philosophy*. London and New York:
Routledge, 1989.

Gurri, Martin. *The Revolt of the Public and the Crisis of Authority in the New

Millennium. San Francisco, CA: Stripe Press, 2018.

Haggard, Stephan. *Developmental States*. Cambridge, MA, and New York: Cambridge University Press, 2018.

Haidt, Jonathan. *The Righteous Mind: Why Good People Are Divided by Politics and Religion*. New York: Pantheon, 2012.

Hayek, Friedrich A. *Law, Legislation and Liberty*. Chicago, IL: University of Chicago Press, 1976.

Hazony, Yoram. *The Virtue of Nationalism*. New York: Basic Books, 2018.

Henrich, Joseph. *The WEIRDest People in the World: How the West Became Psychologically Peculiar and Particularly Prosperous*. New York: Farrar, Straus and Giroux, 2020.

Hofstadter, Richard. *The Paranoid Style in American Politics*. New York: Vintage, 2008.

Jiao, Xiao-qiang, Nyamdavaa Mongol, and Fu-suo Zhang, "The Transformation of Agriculture in China: Looking Back and Looking Forward." *Journal of Integrative Agriculture* 17 (2018): pp. 755~764.

Kendi, Ibrahim X. *How to Be an Antiracist*. London: One World, 2019.

Kesler, Charles R. *Crisis of the Two Constitutions: The Rise, Decline, and Recovery of American Greatness*. New York: Encounter Books, 2021.

LaFrance, Adrienne. "The Prophecies of Q." *The Atlantic* (June 2020).

Lessig, Lawrence. "Against Transparency: The Perils of Openness in Government." *The New Republic* (October 19, 2009).

Luce, Edward. *The Retreat of Western Liberalism*. New York: Atlantic Monthly Press, 2017.

McCloskey, Deirdre N. *Bourgeois Dignity: Why Economics Can't Explain the Modern World*. Chicago, IL: University of Chicago Press, 2010.

_____. *Why Liberalism Works: How True Liberal Values Produce a Freer, More Equal, Prosperous World for All*. New Haven, CT: Yale University Press, 2019.

MacIntyre, Alasdair. *After Virtue*. Notre Dame, IN: University of Notre Dame Press, 1981.

Marcuse, Herbert. *Eros and Civilization: A Philosophical Inquiry into Freud*. New York: Vintage Books, 1955.

247

_____. *One-Dimensional Man: Studies in the Ideology of Advanced Industrial Society*. Boston, MA: Beacon Press, 1991.

_____. *Repressive Tolerance*. Berkeley, CA: Berkeley Commune Library, 1968.

Maslow, Abraham H. "A Theory of Human Motivation." Psychological Review 50 (1950).

Melnick, R. Shep, *The Transformation of Title IX: Regulating Gender Equality in Education*. Washington, DC: Brookings Institution Press, 2018.

Milanovic, Branko. *Global Inequality: A New Approach for the Age of Globalization*. Cambridge, MA: Belknap/Harvard University Press, 2016.

Mills, Charles W. *Black Rights/White Wrongs: The Critique of Racial Liberalism*. New York: Oxford University Press, 2017.

_____. *The Racial Contract*. Ithaca, NY: Cornell University Press, 1997.

Mishra, Pankaj. *Bland Fanatics: Liberals, Race, and Empire*. New York: Farrar, Straus and Giroux, 2020.

North, Douglass C. *Institutions, Institutional Change, and Economic Performance*. New York: Cambridge University Press, 1990.

Nozick, Robert. *Anarchy, State, and Utopia*. New York: Basic Books, 1974.

Nyamdavaa Mongol, Xiao-qiang Jiao, and Fu-suo Zhang. "The Transformation of Agriculture in China: Looking Back and Looking Forward." *Journal of Integrative Agriculture* 17 (2018): 755~64.

Olson, Mancur. *The Logic of Collective Action: Public Goods and the Theory of Groups*. Cambridge, MA: Harvard University Press, 1965.

Ostrom, Elinor. *Governing the Commons: The Evolution of Institutions for Collective Action*. Cambridge: Cambridge University Press, 1990.

Packer, Dominic J., and Jay J. Van Bavel. *The Power of Us: Harnessing Our Shared Identities to Improve Performance, Increase Cooperation, and Promote Social Harmony*. New York and Boston: Little, Brown Spark, 2021.

Pateman, Carole. *The Sexual Contract. 30th Anniversary Edition, with a New Preface by the Author*. Stanford, CA: Stanford University Press, 2018.

_____., and Charles W. Mills. *Contract and Domination*. Cambridge: Polity Press, 2007.

Philippon, Thomas. *The Great Reversal: How America Gave Up on Free Markets*. Cambridge, MA: Belknap/Harvard University Press, 2019.

Pocock, J. G. A. *The Machiavellian Moment: Florentine Political Thought and the Atlantic*. Princeton, NJ: Princeton University Press, 1975.

Pomerantsev, Peter. *Nothing is True and Everything is Possible: The Surreal Heart of the New Russia*. New York: PublicAffairs, 2014.

Pomeranz, Kenneth. *The Great Divergence: China, Europe, and the Making of the Modern World Economy*. Princeton, NJ: Princeton University Press, 2000.

Putnam, Robert D., and David E. Campbell. *American Grace: How Religion Divides and Unites Us*. New York: Simon and Schuster, 2010.

Rauch, Jonathan. *The Constitution of Knowledge: A Defense of Truth*. Washington, DC: Brookings Institution Press, 2021.

Rawls, John. *A Theory of Justice. Revised Edition*. Cambridge, MA: Belknap/Harvard University Press, 1999.

Rodgers, Daniel T. *Age of Fracture*. Cambridge, MA: Belknap/Harvard University Press, 2011.

Rosenblatt, Helena. *Lost History of Liberalism*. Princeton, NJ: Princeton University Press, 2018.

Said, Edward. *Orientalism*. New York: Random House, 1978.

Sandel, Michael J., *Liberalism and the Limits of Justice. Second Edition*. New York: Cambridge University Press, 1998.

_____. "The Procedural Republic and the Unencumbered Self." *Political Theory* 12 (1984): 81~96.

Saussure, Ferdinand de. *Course in General Linguistics*. New York: Columbia University Press, 2011.

Schmitt, Carl. *Political Theology: Four Chapters on the Concept of Sovereignty*. Chicago, IL: University of Chicago Press, 2006.

Shara, Michael. *The Killer Angels*. New York: Ballantine Books, 1974.

Siedentop, Larry. *Inventing the Individual: The Origins of Western Liberalism*. London: Allen Lane, 2014.

Sokal, Alan D., and Alan Bricmont. *Fashionable Nonsense: Postmodern Intellectuals' Abuse of Science*. New York: Picador, 1999.

Vermeule, Adrian. "Beyond Originalism." *The Atlantic* (March 31, 2020).

Walzer, Michael. *Spheres of Justice: A Defense of Pluralism and Equality*. New York: Basic Books, 1983.

Wooldridge, Adrian. *The Aristocracy of Talent: How Meritocracy Made the Modern World*. New York: Skyhorse Publishing, 2021.

Ziblatt, Daniel. *Conservative Parties and the Birth of Democracy*. New York: Cambridge University Press, 2017.

Zuckerman, Ethan. *Mistrust: Why Losing Faith in Institutions Provides the Tools to Transform Them*. New York: W. W. Norton, 2020.

색인 *

---

* 주석의 경우 페이지 번호 다음에 n을 붙였다.

Philos 015

자유주의와 그 불만

1판 1쇄 발행 2023년 3월 15일
1판 3쇄 발행 2024년 6월 5일

지은이 프랜시스 후쿠야마
옮긴이 이상원
펴낸이 김영곤
펴낸곳 (주)북이십일 아르테

책임편집 최윤지 편집 김지영
교정 송연승 디자인 박대성
기획위원 장미희
출판마케팅영업본부 본부장 한충희
마케팅 남정한 한경화 김신우 강효원
영업 최명열 김다운 김도연 권채영
해외기획 최연순 소은선
제작 이영민 권경민

출판등록 2000년 5월 6일 제406-2003-061호
주소 (10881) 경기도 파주시 회동길 201(문발동)
대표전화 031-955-2100 팩스 031-955-2151

(주)북이십일 경계를 허무는 콘텐츠 리더

아르테 채널에서 도서 정보와 다양한 영상 자료, 이벤트를 만나세요!
인스타그램 instagram.com/21_arte   페이스북 facebook.com/21arte
           instagram.com/jiinpill21   facebook.com/jiinpill21
포스트 post.naver.com/staubin   홈페이지 www.book21.com
       post.naver.com/21c_editors

ISBN 978-89-509-9336-8 03300

서양의 가장 흥미로운 공공 지식인 중 한 명.

　— 《더타임스The Times》

좌파와 우파 모두에게 포위된 자유주의는 이 예리한 논문에서
신중하게 방어된다. 명쾌하고 통찰력 있다. 자유주의가 어떻게
잘못되었고 또 어떻게 그 추진력을 되찾을 수 있을지
전문적이고 명료하게 진단한다.

　— 《퍼블리셔스위클리Publishers Weekly》

후쿠야마의 사고는 철저히 민주적이다. 『자유주의와 그 불만』은
얇지만 자유주의적 이상과 자유주의 정부를 보존하기 위한
논거로 가득하다.

　— 《커커스리뷰Kirkus Reviews》

반드시 읽어야 할 책. 현재의 정치 환경을 이해하고자 하는 독자들에게
후쿠야마의 학술적이면서도 접근하기 쉬운 이 저작을 적극 추천한다.

　— 《라이브러리저널Library Journal》

『자유주의와 그 불만』은 훌륭한 책이다. 강력하고 실행력 있다.

　— 셰이머스 플라어티(Seamus Flaherty), 《퀼렛Quillette》

『자유주의와 그 불만』은 현실 정치에 실제로 영향력을 미칠 수 있는
보기 드문 학술 논문이다. 후쿠야마는 명징하고 논리적으로 쓴다.

　— 조 클라인(Joe Klein),

　　《뉴욕타임스북리뷰New York Times Book Review》

자유주의적 자유와 다원주의에 대한 매우 유창하고 탁월하며 합리적인 옹호.
다양한 이념적 스펙트럼을 가진 지도자와 운동가 들이 읽고 토론해야 할 책.
분명하게 쓰이고 간결하게 주장된 이 책은 인류 역사를 형성한 정치 이론과
체계에 대한 후쿠야마의 평생의 연구를 담고 있으며, 책이 진행될수록
그 논리가 구체화된다.

— 존 핼핀(John Halpin), 《워싱턴먼슬리Washington Monthly》

절박하고 시의적절하다. 이 얇고 우아한 책의 중요한 강점은
실천의 복잡성을 인정하면서도 정의가 분명하다는 것이다.
자유주의 사상의 일부 측면이 스스로를 소모한 방식에 대한
놀랍도록 예리한 요약이다.

— 앤드루 앤서니(Andrew Anthony), 《가디언The Guardian》